ガザの八百屋は今日もからっぽ

封鎖と戦火の日々

小林和香子
著

JVCブックレット
002

はじめに

二〇〇八年一二月二七日に、イスラエルによるガザへの大規模軍事侵攻が始まりました。空爆で燃え上がる町、増え続ける死傷者、病院に次々担ぎ込まれる負傷した子どもたち。学校が、病院が、国連施設や救急車も攻撃されました。窓ガラスが割れ、電気も水もパンも途絶える中、気がおかしくなりそうになりながら、人々は家族と共に生き延びることを祈ってきました。イスラエルによる軍事侵攻は自己防衛という理由があったとしても、その暴力は「度を越えた」ものであり、ガザの人々がこうむった犠牲は想像を絶し、今も修復の目途さえついていません。この惨事は私たちが記憶し、問い続けなければならないものだと考えます。

しかしそれと同時に、この惨事が起きた背景を無視することはできません。ガザは地中海に面して自然に恵まれ、ファラオの時代や旧約聖書の時代から重要な交易経由地でした。またその温暖な気候から柑橘類や麦などの産地として栄えた豊かな歴史と文化を有します。それが今では「巨大刑務所」と言われるほど、人も物も金もすべての移動がイスラエルによって完全に管理され、人々は経済発展を拒まれ、国際人道支援なくして生きていけない状況に置かれています。人権と人としての尊厳を剝奪された状況で生きることを強いられているのです。

日本国際ボランティアセンター（ＪＶＣ）は二〇〇二年からガザで子どもの栄養改善を中心に活動を実施してきました。私は二〇〇三年からガザの活動に携わり、悲惨な状況の中でも前向きに懸命に生きようとしているガザの人々に出会ってきました。しかし残念ながら、それからガザの状況は悪化の一途をたどっています。イスラエルによって占領、封鎖され、民主的に選ばれた自治政府は国際社会から拒否され、いよいよ食料も燃料も底をつき、国連機関も食料支援の配給すらできなくなった状態で、今回の軍事侵攻は行なわれたのです。

私がこの本を書いたのは、日本の人たちにガザの人々の生活を知ってもらいたいと思ったからです。四〇年にいたる占領と度重なる軍事侵攻、そして封鎖になんとか耐えて生き抜いてきたガザの人々にとって、今回の軍事侵攻は何を意味するのか。停戦後も復興どころか修復も全く進まない中、彼らはどのように生きているのか。彼らの将来への希望は完全に消えてしまったのか。そのような問いを一緒に考えてもらえたら、と思います。

目次

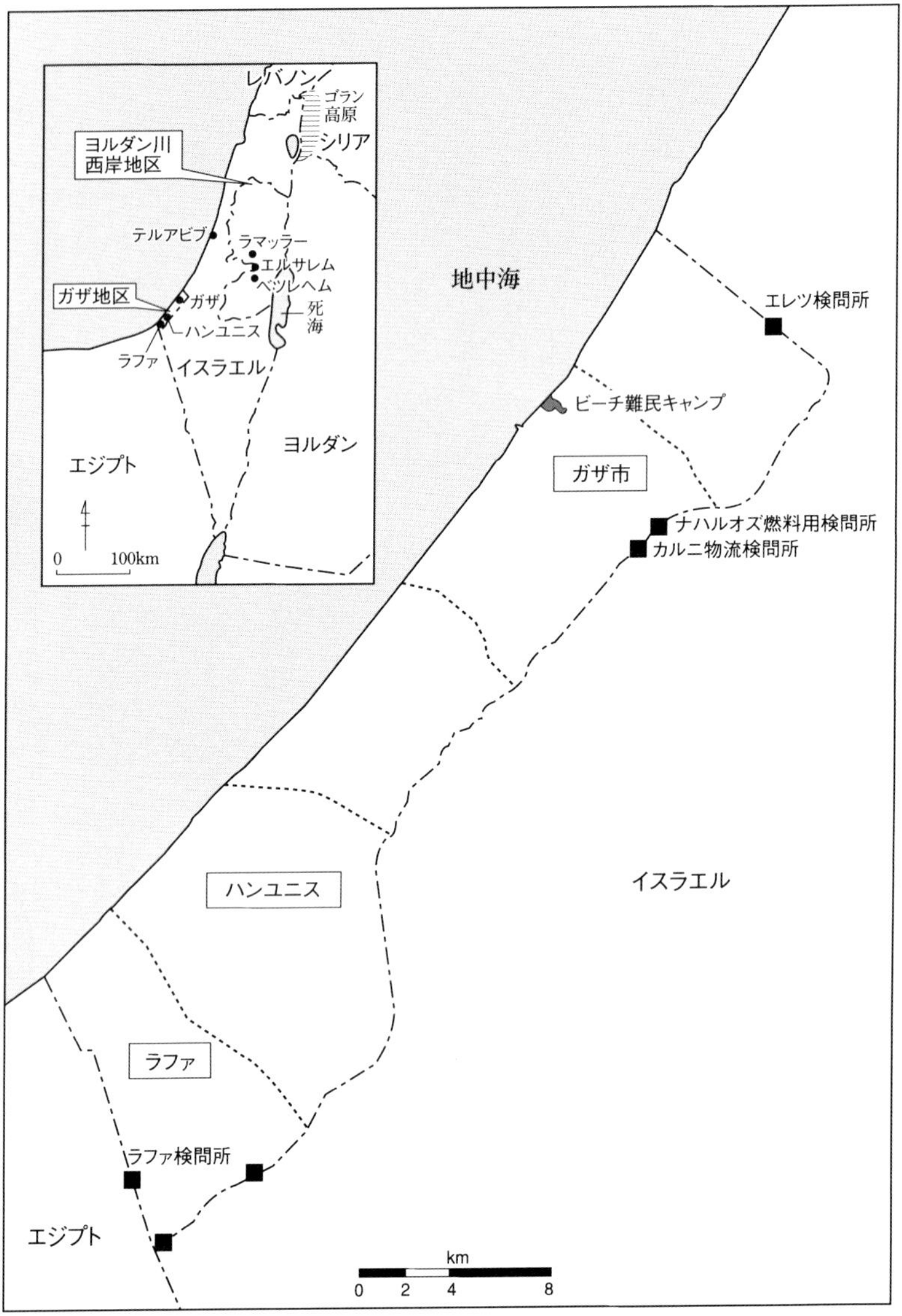

レバノン
ゴラン高原
シリア
ヨルダン川西岸地区
テルアビブ
ラマッラー
エルサレム
ベツレヘム
ガザ地区
ガザ
ハンユニス
死海
ラファ
イスラエル
ヨルダン
エジプト
0 100km
地中海
エレツ検問所
ビーチ難民キャンプ
ガザ市
ナハルオズ燃料用検問所
カルニ物流検問所
ハンユニス
イスラエル
ラファ
ラファ検問所
エジプト
km
0 2 4 8

第1章　ガザ軍事侵攻とその破壊の影響

1 ガザ軍事侵攻――攻撃の最中で

二〇〇八年一二月二七日土曜日、午前一一時三〇分、イスラエル軍は「鋳られた鉛作戦」と名づけた大規模空爆をガザに仕掛けました。六〇機もの爆撃機、軍用ヘリコプター、無人航空機が、一〇〇発以上の爆弾を五〇以上の標的に対して投下し、瞬時にして、一五五人以上の命が奪われました（『ハーレツ』、二〇〇八年一二月二七日）。パレスチナ自治政府保健省の初期調査によれば、午後四時時点で、少なくとも二八〇人が殺害され九〇〇人が病院で治療を受けたということです。ガザにあるアルメザン人権センターによれば、ほとんどの被害者は民間人で、少なくとも二〇人の子ども、九人の女性、六〇人の非武装民間人が含まれていました。ほとんどの被害は軍事作戦の最初の数分に起きています。

イスラエル政府は、この作戦はガザ内を実質管理するハマス政権[*1]が、二〇〇八年六月にエジプトの仲介のもとイスラエル政府とハマスの間で合意した「タハディーヤ（平静＝停戦）」の延長に同意せず、ガザからイスラエルへのロケット弾発射をエスカレートさせたことへの「対応」としています。しかし一二月二七日の軍事作戦の前、イスラエルは一一月四日にもガザを攻撃しています。停戦期間であるタハディーヤの開始から一一月四日にイスラエルによる軍事攻撃までの間、ハマスは停戦の条件である武力攻撃をほぼ停止しましたが、イスラエルは条件であるガザの封鎖解除を実施してきませんでした。

軍事攻撃前、イスラエルが軍事作戦に備えているとの報道がありましたが、一方で、難航はしているもののタハディーヤ延長の交渉は水面下では進んでいたとされています。ＵＮＲＷＡ（国連パレスチナ難民救済事業機関）事務局長も、一時停戦が合意されたという理解であったとのことです。誰もが予想していなかったこの突然の大規模空爆は、ガザの人々にパニックを巻き起こしました。国際社会はこの攻撃を厳しく非難しましたが、攻撃は激化し、地上部隊投入で被害を拡大させながら、二三日間にも及びました。その間、ガザの人々は水も電気も食料も医療サービスも不足し、家や家族が被害にあう中、恐怖に震える日々を送ってきました。

この二三日間のガザの人々の様子、そして私たち国際NGOや国際社会がどのように対応をしたのかを記録します。

突然の攻撃

ガザに大規模空爆が始まった時、私は一時帰国していました。軍事攻撃開始の翌日、ようやくつながった電話でガザの友人はこう語りました。

「突然空爆が始まったの。地震のような地響きと爆音がして、空を見上げると無数の戦闘機と

＊1　ハマス（イスラム抵抗運動）　一九二〇年代にエジプトで始まったムスリム同胞団の系譜を引いた抵抗運動。政治部門、軍事部門、社会福祉部門があるとされる。創立当初はイスラエル国の存在を否定し、和平交渉を完全に拒否して、武力による「抵抗運動」を実施してきた。二〇〇六年の評議会（国会に相当）選挙へ「変化と改革」という政党名で参加して勝利し、パレスチナ民族解放を主導してきたファタハ政党から自治政府の政権を握った。その後、イスラエルと停戦を結ぶなど、現実路線化と受け取れる言動も見える。

ヘリコプターが爆弾を落としていて、そこら中のビルから火と煙が上がっていたわ。今までも何度もイスラエルは攻撃してきたけど、こんなにひどいのは初めて」

「通学時間だったから多くの子どもたちが負傷した。ひどいわ」

ガザ市の高層ビルに住む別の友人は、バルコニーから何十もの飛行機が爆撃する様子を見ました。

「凄まじい眺めだった。目の前にたくさんの戦闘機やヘリコプターがあった。現実に起きているとは考えられなかった」

ハンユニスの栄養センター所長を務めるハナンさんはこう語りました。

「私たちの栄養センター近くの民家も破壊された。その時私たちは栄養失調児に栄養食を食べさせているところだった。母親たちはパニック状態になって、泣いたり叫んだり走りまわりながら子どもたちを連れてセンターを飛び出していった。ガザ各地で空爆は同時に起こったみたい。私たちは家族と電話で連絡を取り合って、子どもたちの安全を必死で確かめた。この日、学校は試験期間中で、しかも登下校の時間帯だったの」

教室が足りないガザではほとんどの学校が二部制で、一一時半頃はちょうど入れ替えの時間帯で登下校中の子どもが道に溢れているのです。大規模軍事攻撃は、このような通学途中の子どもや市場で買い物をする民間人を大勢巻き込んでいったのです。

暴力停止を求めて

　軍事攻撃を非難する声は、日本を含め世界各地で即時に上がりました。日本の外務大臣もイスラエル外相との電話会談で、攻撃停止と人道上必要な措置を要請しました。しかし、二八日、国連安全保障理事会に提出されたイスラエルとハマス双方に即時暴力停止を求める決議案は、米国が拒否権を行使したために否決されました。

　ＪＶＣもできることから始めました。外務大臣へイスラエル政府に攻撃停止を申し入れることを求める書簡を提出し、在日本イスラエル大使館宛へ攻撃停止を求める書簡を提出しました。まず、パレスチナで活動するＮＧＯなどと連携して、日本の市民と一緒に攻撃停止を求める声を上げていくことです。エルサレム事務所に駐在するスタッフは、活動を共にしているガザのＮＧＯと連絡を密に取り合って、人々の声をホームページを通して日本社会に伝えると同時に、緊急支援の検討を始めました。東京でもスタッフとボランティアが年末年始を返上して緊急事態に取り組みました。

一二月三〇日に、ＪＶＣはガザで活動する医療ＮＧＯ「パレスチナ医療救援協会（ＰＭＲＳ）」を通しての緊急支援を決定、募金も開始しました。軍事攻撃停止を求める書簡は、パレスチナ支援をする日本の一二の団体の共同署名になりました。一二月三〇日に、この書簡を外務省に手渡した後、イスラエル大使館前でキャンドルを灯して犠牲者への追悼と暴力の停止を祈り、書簡を大使館あてにに投函しました。短い間の呼びかけにもかかわらず四〇〇人が集まり、その様子は広く報道されました。

人道危機と食料危機

しかし、攻撃は続きます。ガザで唯一の発電所は一二月三〇日に運転を停止しました。商業用燃料が枯渇した上、損傷した変電機を交換できずにいるのです。ガザ全土が停電で麻痺しました。すべての水道や衛生施設や病院が影響を受けています。人々はテレビやインターネットも見られなくなり、ラジオが唯一の情報源となりました。

ガザの友人は「ガザではずっと攻撃が続いているの。今もよ。また煙が上がっているわ。いったい私たちに何が起こっているの？　この攻撃はいつ終わるの？　地上部隊が攻めてくるって本当なの？」と情報が不足する中での混乱の様子を伝えてきました。私は友人に国際社会が地上戦を阻もうと動いていることを伝え、安心させようとしました。

二〇〇九年一月二日、UNOCHA（国連人道問題調整事務所）はガザの「人道危機」を、国連世界食糧計画（WFP）は「食料危機」を訴えました。フランス政府は四八時間の「人道的停戦」を提案しました。

ガザは、二〇〇六年三月にハマスが評議会選挙を通して民主的に政権を握ってから、イスラエルによる封鎖状態に置かれていました。ハマスが治安を掌握した二〇〇七年六月からは完全に封鎖され、燃料すら供給が削減され、生き延びるために最低限の人道支援物資のみの搬入が許可されてきたのです。さらに、二〇〇八年一一月四日にイスラエルがガザに軍事侵攻して以来、国際NGOスタッフもジャーナリストもガザに入ることが許されなくなりました。ガザの人たちに食料配給をしていたUNRWA（パレスチナ難民救済事業機関）ですら、燃料不足のため何度も食料配給の停止を迫られました。

この封鎖でガザの人たちは水・電気・食料・調理用ガスや医薬品など、生活必需品に事欠く生活を強いられてきたのです。車や救急車も燃料が不足し、病院の発電機を動かすための燃料も不足していました。国連や国際NGOは何度もイスラエルにガザの封鎖解除を求めてきました。すべてが不足している中で始まった攻撃だったのです。

軍事攻撃を支持するイスラエル国民

しかし、イスラエル政府はフランス政府の「人道的停戦」提案を拒否しました。この頃、イスラエルのユダヤ系市民の九割以上がガザへの軍事攻撃を支持しているという調査結果が報告されました。また、七一％が軍事攻撃を続行することを求めています。イスラエル人歴史家のベニー・モリスは、イスラエルが「壁が迫ってくる」と感じていることが暴力的な行動に駆り立てると書いています。アラブやイスラム国家がイスラエル国家建設の正当性を認めず、存在を否定していること、西側諸国でのイスラエル支持が低下していること、イスラエル国内でのアラブ（パレスチナ）市民が過激化していると同時に二〇四〇年〜五〇年には人口の過半数を占める可能性があることなどを「壁が迫ってくる」と感じる理由に挙げています。（『インターナショナル・ヘラルド・トリビューン』、二〇〇九年一月一日）

イスラエルの平和団体「ピース・ナウ」が停戦を求める広告をイスラエルの新聞『ハーレツ』紙に出したのは一月二日、まさに地上戦が始まろうとしている時でした。「今こそ停止を！

イスラエル政府に発砲を停止し外交を優先する時が来た」。しかし、圧倒的に軍事侵攻を支持する一般市民にその声は届きません。

地上部隊投入

一月三日、恐れていた地上部隊の攻撃が開始されました。地上部隊は空爆と海からの爆撃に加えて戦車や装甲車を投入し、軍事拠点からの発砲を始めました。各地でイスラエル軍による避難命令が発せられました。ラファの家を強制退去させられた友人の話です。

「イスラエル軍は一帯の住民に避難警告を出したので、私たちは着の身着のままで子どもを連れて逃げなければならなかった。子どもたちはパニック状態でした。ガザのどこにも安全な場所などありません」。彼女はハンユニスにある兄の家に避難しました。

アッサムーニーエ地区では、避難命令により住民が集められた家が爆撃され、三〇人以上が犠牲になりました。残った家はイスラエル軍の拠点となったのです。避難所となっていたUNRWAの学校やアメリカン・スクールも爆撃やブルドーザーにより損傷しました。中でも、ジャバリア難民キャンプのUNRWAの学校では四〇人以上が死亡、五五人以上が負傷したと報じられました。国連はこの攻撃に対する事実確認をイスラエルに対して求めています。

命がけの食料確保

ガザは停電、水不足、食料不足に見舞われました。家族の家に身を寄せている友人は言いました。

「大通りの病院の近くなので、爆撃が多く、交通はなく、店も閉まっています。爆撃はまだ続いています。そして電気もありません。服を洗濯できず、かといって買うこともできません。親戚や負傷した人のお見舞いに病院に行く交通手段もありません。携帯電話のシステムもおかしくなっています。友人知人もどこかに避難していて、連絡がつかない人がいます。農地も破壊され、貴重な野菜もなくなりました。野菜不足は今回の空爆前からです。今では人々は食料や水を汲みに行って殺されます。五時以降は外出禁止令のように誰も外に出ません。皆怖いのです」

別の友人もこう言います。

「攻撃は空から、海から、陸から続いています。爆撃機の音は常に聞こえます。あらゆる生活必需品が不足しています。トイレの水もない。一週間停電が続いています。インターネットも繋がらない。とても怖い。道は空っぽで誰も歩いてない。でも、パンを買いに行かないといけない。パンは主食です」

住宅地にも狙撃兵が配備され、病院に行くことも国連による食料配給もさらに危険な状態になっていきます。もはやガザの人々には食料の確保も命がけです。避難先のUNRWAの学校ですら攻撃にさらされ、安全な逃げ場はなくなったのです。

人道的停戦と国連安保理決議

なぜ停戦をしないのかという問いに、イスラエル外相は「ハマスがガザを管理する限り、イスラエルにとっても、パレスチナ人にとっても、地域全体にとっても、問題であることに疑いがない」と答えています（『ハーレッツ』紙、二〇〇九年一月五日）。そして米国大統領は「ガザの現状はハマスのせいだ」（『ハーレッツ』紙、一月六日）とイスラエル寄りの姿勢を崩しません。

国際社会からのガザの人道危機への対応を求める声に応える形で、イスラエルは一月七日から一日三時間、人道支援のための停戦を開始しました。UNOCHAの人道調整官は一月七日、

「人道支援物資を配給するための措置は歓迎するものの、ガザの人々のニーズは巨大で、それに対応するためには二四時間体制の活動が必要であり、人道的停戦は直ちに恒久的な停戦に到達しなければならない」と語りました。

国連は食料を配給し、小麦粉をパン屋に配りました。しかし、電気と燃料の不足で、営業しているガザのパン屋は四軒に一軒しかないと言います。赤新月社など現地医療団体もこの時間を利用して、損傷した家や瓦礫の下に埋もれた人の救助を始めました。しかし、人道的停戦時間内でも、国連のトラックや医療従事者が攻撃に遭うなど、危険が伴うものでした。

一月八日、国連安全保障理事会は、米国の棄権により、双方に即時停戦を求める決議を採択しました。しかし、イスラエルとハマス双方が停戦を拒否しました。

ガザから日本へのメッセージ

一月一〇日、東京で「ガザに光を！　即時停戦を求めるピースパレードとシンポジウム」がパレスチナ支援をする一二団体の呼びかけのもと開催されました。ピースパレードには約一五〇〇人の参加があり、その後のシンポジウムにも会場に入りきれないほどの参加者が集まり、急遽二部屋でリレー形式での実施となりました。その中で、私はガザで子どものための活動を共同でしている二つの団体の女性からのメッセージを伝えました。

一つはガザで栄養失調児に治療用栄養食を提供する栄養センターを運営する「人間の大地」です。もう一つは、ガザの幼稚園に牛乳とビスケットを提供する栄養改善プロジェクトを実施している「ANERA（アメリカ近東難民支援会）」です。

ガザの栄養センターの所長をしているハナンさんは、栄養センターが閉鎖され、栄養失調児が二週間も栄養をとれていないことを心配していました。

「子どもたちを取り巻く環境がひどくなる一方で、彼らはすぐに影響を受けます。イスラエルは子どもたちにも容赦しません。日本の皆さんにはイスラエルの行き過ぎた行為に対して声を上げてほしいのです」

ANERAの責任者のモナさんは、対象の一六〇の幼稚園が閉まっているため、子どもたちが牛乳や栄養強化ビスケットを食べられないことを心配していました。

「日本の皆さんにはパレスチナの子どもたちへの支援を感謝しています。子どもたちは一日一杯の牛乳を必要としています。今後も継続してほしい。そして、皆さんにパレスチナの人々は平和的な人々だということを知っていただきたい。私たちは平和に暮らしたい。子どもたちを健康に育てたい。それだけを望んでいます」

　軍事侵攻下のガザで自分の家族も困難にある中、ガザの子どもたちを心配し、平和を訴える彼女たちの声は、日本の皆さんの心に響いたのではないでしょうか。

人道支援の妨げ

　パレスチナで活動する国際NGOの共同体AIDA*2の会議が一月一四日に開催されました。私はこの会議に間に合わせて東京からエルサレムに戻りました。会議のテーマはガザ緊急支援です。国連関係者との合同会議では、ガザの被害の現状と人道支援物資の輸送問題が議論の中心となりました。

　国際NGOの多くはガザへの緊急人道支援物資の運搬をエジプト経由で対応していましたが、国連機関がエルサレムなどの中継地点から一括して運搬を調整する体制ができつつありました。しかし、同時に西岸ラマッラーのパレスチナ自治政府が関与する新メカニズムが提示され、人道支援団体の中に混乱が生じました。この頃から既に、人道支援から復興支援までの間の、壊れた家を直すなどの「早期修復」計画が企画段階に入り、この事業を誰が中心となって進めるのか、それを進めるために必要な封鎖解除をどうやって確保するのかなども議論になっていきました。

さらに、国連事務総長がイスラエルに入った一月一五日に、何百人もが避難生活を送っていたUNRWAガザ本部が爆破され、配給のための食料や物資の倉庫が炎上しました。この頃、イスラエル指導部は「人道的停戦」を求める防衛大臣、「軍事攻撃がハマスへの制御になった」とする外相、「軍事作戦がまだ目的を達していない」とする首相の間で意見が割れていました（『ハーレツ』二〇〇九年一月一四日）。

＊2　AIDA（Association of International Development Agencies 国際開発機関共同体）は、パレスチナ（西岸・東エルサレム・ガザ）で活動する一四ヵ国以上からの八〇以上の国際NGOが集まって作っている共同体。メンバー間や国連機関との意見交換のフォーラムであると同時に、執行委員会は国連機関や支援国に対するロビー活動を、アドボカシー委員会はパレスチナの窮状を声明文等で表明している。JVCはAIDAの執行委員およびアドボカシー委員会の共同議長を務めてきた。

限界

同じ頃、ガザの友人たちには長引く攻撃に疲労困憊の様子が見えてきました。電話の向こうで泣いているのがわかります。イテダルさんはNGOで働きながらこつこつ貯めたお金で難民キャンプに家を建てたばかりです。母親と彼女と兄弟の何世帯もが暮らす、パレスチナでは典型的な三階建ての家です。彼女の家は、近くの家の爆撃の影響で損傷し、家中の窓ガラスが割れたそうです。彼女たちと親戚は一階部分に全員避難していましたが、義理の弟は足を失いました。治療が遅れ出血がひどく、命を守るために切断せざるを得なかったと言います。彼女の持病の喘息もひどくなっているようです。彼女が代表を務めるNGOの栄養センターのスタッフの家族が亡くなったこともわかってきました。

彼女は「ガザでは誰もが標的よ。私たち一般市民も。だから私たちはどこに行っても狙われるし、ガザの中には安全な場所などどこにもないの」と語りました。

モナさんも電話の向こうで「もう疲れたわ。限界よ」と泣き出しました。「もう何日も夜通しの攻撃で眠れない。自分が死んだ夢を見ることもあるわ。もう一週間以上、電気も水もまったくこない。シャワーも浴びてないわ。トイレも流せないの。屈辱的な生活よ」

モナさんの友人は、足を撃たれて病院で足を切断されたということです。モナさんは「ガザの病院は、医師も手術のための器材も薬もベッドもすべてが不足している。だから通常なら縫合手術で済む人も、すぐ手足を切断されてしまうのよ」と言うのです。

彼女に、日本を含めて世界各地で軍事侵攻に反対する動きが高まっていること、そして、どんなに長くても米国新大統領オバマ氏の就任までにはイスラエルは侵攻をやめるから、あと少しなんとか持ちこたえて、と励ましました。モナさんは「日本でも攻撃反対の声が上がっていることは、すごく心強い」と言いました。

今まで数え切れないほどの軍事侵攻を生き抜いてきた気丈な彼女たちでさえ、身近に起きる犠牲や被害、どこにも安全な場所がないという不安、夜通しの爆撃に怯え眠れない日々を重ねた疲労、人間らしい生活ができない屈辱感に、精神的にも肉体的にも限界に近づいているようでした。

同じパレスチナ人

　一方、エルサレムの街中は、静かで重苦しい空気に包まれていました。目抜き通りのサラハディーンの八百屋では、いつも愛想の良い親父も、テレビにかじりついています。私が「ガザね」と言うと、大きな溜め息と一緒に「ガザ」とだけ言って、また見入っていました。食料品店でもみんなの視線は店の奥のテレビに注がれています。どんよりとした空気が漂っていました。コーヒー屋の店主も、いつもの明るい笑顔が消えています。挨拶もそこそこに、視線は宙を舞っています。エルサレムで一緒に活動をしている医療NGOの医師は、「イスラエルがガザ攻撃を開始してからは、仕事が終わって家に帰ると、ずっとガザのニュースを見てしまうんだ。被害の様子や犠牲者の映像を見てショックを受け、そして落ち込んでしまう。落ち込むとわかっていても、テレビを見続けてしまうんだ」と語りました。

　東エルサレムや西岸では、イスラエルに対する嫌悪と怒りを表現する機会が抑えられているのも落ち込んでいる原因のようです。「西岸では、僕たちはデモもできないんだよ。自治政府はイスラエルが同じパレスチナ人のガザの人たちに行なっている残虐行為に抗議することもさせてはくれないんだ。皮肉だろ、まるで他のアラブ諸国の政府みたいだ。民主主義なんかどうでもいいのさ」とある友人が語ってくれました。

ベツレヘムの友人も「窓から大通りを眺めていたら、向こうから群衆が歩いてきた。それをパレスチナ警察が止めて、皆を帰らしたの。ここでは、デモはさせてもらえない。ヘブロンでは、警察官がデモをしている人々に発砲して、死者も出たのよ」と訴えました。

ラマッラーにあるビルゼイト大学に通う友人の娘は「大学は大変なの。ガザの人たちのために学生がデモをしようとすると、警察がやってきて止めようとする。けが人も出るのよ。女友達もけがしたわ。私は怖いから巻き込まれないように気をつけているけど」と話してくれました。実際ラマッラーの街の大通りには、至る所に警察官の姿が見られます。

運転手に聞きました。「こんなにたくさんの警察官は何をしているの。要人でも通るのかしら？」

運転手は「そうじゃない、デモが起こらないように見張っているのさ。デモが起こりそうになったら、すぐに散らすんだよ」と答えました。

女性の友人たちは何人も体の不調を訴え始めました。腕がしびれて上がらない、背中が痛くて動けないなどです。弁護士の友人は「昨晩、夜中に大泣きをしたの。少し気分がすっきりして、背中の痛みも少しとれたわ」と教えてくれました。あまりの悲しみとフラストレーションから体に変調をきたすまでになっていたのです。

二つの一方的停戦

開始から二二日目の一月一七日、国際社会の圧力を受け、米国新大統領就任を控えて、イスラエル政府はようやく一八日午前二時から「一方的停戦」を開始することを発表しました。翌日イスラエル軍が撤退を開始し、昼過ぎにはハマスも一方的停戦を発表、イスラエル軍がガザから撤退する時間として一週間攻撃停止するとしました。

これは両者による合意や国際的合意によってなされた停戦ではありません。ですから、イスラエルまたはハマスの一存で停戦は簡単に破られるのです。ガザの人々は停戦が続くことに懐疑的ではありますが、早速動きだしました。

電話でモナさんは「今日は久しぶりに事務所に集まったの。一時間だけ、皆の状況を話しあうのよ。停戦と言っても信用できないからね。ほら、爆撃の音がまだしているでしょ」と言っていました。実際、テレビのニュースは、イスラエルの一方的停戦後もガザからロケットが発射され、イスラエル軍が空爆している様子を写していました。

ハナンさんは「今日は少し静かだから、これからラファの家の様子を見に行くの。ガラスは全部割れてしまったけど、家は残っているはずだから、住めるかどうか確認してくるわ」と言っていました。

彼女はラファの自宅にイスラエル軍から退去命令が出て、ハンユニスの兄の家に避難していました。でも、エジプトとの境界のラファは、最も爆撃が厳しかったところです。

「大丈夫なの？　まだ危険じゃないの？」と聞いてみましたが、「いつまでも兄のところにはいれないし、早く我が家に帰りたいのよ。家族だけで暮らしたいの」という答えが返ってきました。「明日は栄養センターのスタッフで集まろうと思っているわ」

停戦と同時に、仕事に、普通の生活に戻るべく、彼女たちは動き始めました。パレスチナの人たちの、特に人々のために働く女性たちのこの前向きさと切り替えの早さにはいつも驚かされます。

2　軍事侵攻の爪跡

二三日間に及んだイスラエルによるガザ軍事侵攻は、想像を絶するひどいものでした。パレスチナ自治政府保健省の発表では、犠牲者は一四四〇人、負傷者は五三八〇人に及びます。そのうち民間人の死傷者の約半数は女性と子どもです。住宅街での爆撃や、人口密集地での使用が国際法上禁止されている白リン弾などの兵器の使用が民間人の被害を広げました。三五五四件の家屋が全壊、一万一一一二件の家屋が損傷、ほぼ半数の家屋が窓ガラスが割れるなどの被害を受けました。家屋の破壊・破損、あるいはイスラエル軍による退去命令のため、二万人以上が避難民となり、約四割の住民は一時的に家を離れなければなりませんでした。

その避難先となっていた学校や住宅も直接あるいは間接的に攻撃にさらされました。ガザの住民の約七割を占める難民を支援するＵＮＲＷＡ本部ビルまでもが爆撃にあい、倉庫の食料などの支援物資が燃えました（「国連開発計画」報告書、二〇〇九年）。医療施設や医療スタッフも被害を受けました。一二二ヵ所の病院・診療所のうち五八ヵ所が損傷あるいは破壊されました（「世界保健機関」報告書、二〇〇九年)。

ガザはイスラエルとエジプトと境界を接していますが、軍事侵攻中もその境界は固く閉ざされたままで、民間人に安全な逃げ場はなかったのです。ガザ外で治療が必要な癌患者などの多くもガザを出ることは許されませんでした。そして、燃料の供給停止は、ガザの発電所の停止を招き、多い地区では二週間、電気の供給が停止しました。また、侵攻中、八割がなんらかの支援に頼っているとされるガザの住民で、支援を受け取った家庭は二割に満たなかった(「国連開発計画」報告書)。ガザ全体が人道危機に直面していたのです。

一方的停戦が宣言されて、凄まじい軍事攻撃は収まりました。翌日には九人の外国人ジャーナリストがガザ入りを許可されました。その数日後、プレスパスを持つ外国人ジャーナリストと国際NGOスタッフもガザ入りが可能になったという情報が入りました。一一月四日のイスラエル軍ガザ侵攻から閉鎖されてきたエレツ検問所が、約二ヵ月半ぶりに開くことになりました。私たちもガザに入る準備を開始しました。軍事侵攻の爪跡と停戦になっても続く封鎖の中で生きる人々の様子をこの目で見て、話を聞き、今後の支援を決めるためです。

ガザ緊急支援

今回のガザの緊急事態に対してＪＶＣでは今まで活動を共にしてきた三つの団体を通して支援しました。

パレスチナ医療救援協会（ＰＭＲＳ）は、パレスチナの医療ＮＧＯです。ガザ北部の四つの診療所を拠点に、特に移動制限で病院や診療所にたどりつけない患者に巡回診療を提供してきました。ＰＭＲＳは特に今回のような軍事侵攻中は、負傷者や患者に薬を届けたり応急処置を提供できる数少ない医療ＮＧＯとして活躍しています。長年にわたりＪＶＣはこの団体と協力してきました。救急活動のための医薬品や救急セット、救急法の研修のニーズが高くＪＶＣでは合計四万ドルを支援しました。

現地ＮＧＯ「人間の大地」は、ガザで栄養失調の子どもや、特殊なミルクや食事の必要な子どもの治療、母親たちへの教育、食料を提供するセンターを運営してきました。ＪＶＣは二〇〇四年からこの栄養センターを通して子どもたちの支援をしています。一月初旬に治療用の特殊ミルクが既にガザで底をついていたので、一万五〇〇〇ドル分の特殊ミルクを支援しました。

また停戦後に栄養センターに来る栄養失調児が急増する可能性があることと、食料不足と価格高騰に備えて、通常の支援に加え、緊急の食材のために一万ドルを支援しました。

アメリカのNGOで一九六〇年代からパレスチナに根ざして活動しているANERA(アメリカ近東難民支援会)とは、二〇〇二年から共同で幼稚園児を対象にした栄養改善プロジェクトを進めてきました。幼稚園児に毎日一パックの牛乳と一パックの栄養強化ビスケットを提供するものです。子どもたちの栄養改善と同時にパレスチナ産の牛乳とビスケットを使用することで、疲弊する地場産業を支えることも目的にしています。二〇〇八年度はJVCとして五つの幼稚園、計三二〇人の園児を対象にしています。今回の侵攻で心に傷を負った子どもたちが少しでも楽しい時間を持てるようにと、心理面でのケアをする目的で、対象幼稚園全員の五四〇人に対してぬいぐるみなどのおもちゃを渡しました。

支援活動を妨げるもの

一月二二日、「人間の大地」の栄養センターを運営するNGO代表に電話をすると、「今日、八〇〇キロのお米が購入できたわ。これを粉にして栄養失調児の子どもたちに配ることができるわ」と弾んだ声が返ってきました。同時に、「紙幣がまだ入ってこないの。銀行からお金が下ろせない。食料を見つけても現金がないと買えないわ」と悩みを訴えてきました。

停戦後、食料配給が始まると同時に、その一部はいわゆる闇市場に出回ります。現金が必要な人たちが売るのです。しかし、ガザのＮＧＯの多くは国際社会からの支援で活動を行なっており、厳しい監査もあります。そのようなＮＧＯは闇市場で米を買うことはできないのです。正規のルートで入ってくる物資しか購入できません。また、侵攻前から紙幣不足は問題になっていました。停戦後もガザの銀行はすぐには機能せず、また現金引き出しは制限がかかっていて、現地での物資の購入が困難となっていました。

私たちが準備した治療用の特殊ミルクも、エルサレムの倉庫で待機中でした。ガザに運ぶトラックの確保にてこずっていたのです。このままでは病気の赤ちゃんの命が危ないので追加購入して、持参することにしました。ＰＭＲＳを通しての支援分の救急セットも、ラマッラーで購入されたものの、ガザになかなか届きませんでした。

物資が届かない例として、現地で活動する国際ＮＧＯの間で語り継がれている「マカロニ騒動」があります。ある国際ＮＧＯが手配した緊急食料支援のマカロニを満載したトラックが、エジプトとの境界で停められたまま、ガザに入れないという状態が何ヵ月も続きました。国連

完全に破壊された内務省ビル

や各国政府の働きかけをもってしてもなかなか入れません。イスラエル当局は通過拒否の理由を明確にしないので、国際NGOの間でいろんな臆測が流れました。「マカロニは穴が開いていてパイプに似ているから、ロケットに転用できる!?」というものです。

物資不足とそれによる価格高騰、紙幣不足、届かない支援物資と、停戦を迎えてもNGOの活動には幾つもの足かせがかかります。

破壊の数々

私たちが停戦後初めてガザに入ったのは一月二六日。それから二ヵ月の間に、四回訪問しました。まず目にしたものはその破壊の凄まじさでした。特に損傷が著しいのは、ガザの実質的自治政府としてハマスが運営している各省庁ビルと警察署や刑務所です。警察署や刑務所は、空爆開始直後に徹底的に破壊されつくされたと言われている通り、行く先々で破壊されているのを目撃しました。

また、密集した街中での空爆は、まわりの建物にも被害を及ぼしています。モスクもまた攻撃の対象になっていました。攻撃を免れたモスクはないと言われる通り、目にしたモスクすべての尖塔（ミナレット）に損傷が見られました。

赤新月社などの病院や工場の多くも被害を受けています。セメント工場は爆撃され、ミキサー車がすべて横転していました。車の修理工場の破壊も目にしました。ガザ唯一の完全オートメーションの鶏飼育場も空爆に遭い、電気と水や餌が止まり、三万羽以上いた鶏は数十羽を残して全滅したそうです。工場の被害、特にセメント工場の破壊は、今後のガザの修復・復興に大きな影を落としています。

アッサムーニーエの虐殺

ガザ市ザイトゥーン地区のアッサムーニーエは、今回のイスラエルによる軍事侵攻により、

瓦礫と化した家の上に座る少女

完全に瓦礫となりました。一月四日、イスラエル軍による避難命令に従い、約一〇〇人の人々が集まった家が翌日爆撃され、三〇人以上が亡くなったと言われています。
　瓦礫と化した家の上にビニールシートを張っただけのテントがあり、その前に女性たちが座っていました。この家に嫁いだ女性とその姉妹とその母親です。母親のユスラさんは家族の一四人がこの家で亡くなり、何日も運び出すこともできなかったと言いました。娘の二人の息子が亡くなり、三人が重傷だそうです。そのうちの二人に治療を受けさせるため、子どもの父親がサウジアラビアに連れていったそうです。残された娘は六人の子どもとここに暮らしています。

アフマッド君の家も跡形もなく破壊されていました。母親と四人の兄弟が亡くなったそうです。アフマッド君も瓦礫に埋もれていたのを奇跡的に助けだされました。その時受けたという頭の傷を見せてくれました。まだ傷むそうです。今は、父親と姉妹とテントで暮らしています。私たちが訪れた日は、地元の慈善団体が小麦粉と野菜を、国際NGOが毛布を届けに来ていました。「今何が一番欲しい？」と質問してみると、「家を返してほしい」という答えが返ってきました。

ガレム・テント村

医療NGOのPMRSは、軍事侵攻中から各地で巡廻診療を続けてきました。その一つは先述したアッサムーニーエです。また、高まるニーズに応える形で、北部ガザで四つの仮設テント診療所を設置しました。そのうちの一つがガザ市北部のアルガレム地区です。ここは軍事侵攻が最も激しかった地区の一つで、破壊された家屋の残骸が残り、国連のテントが立ち並んでいます。社会の弱者である女性たちにも配慮し、産婦人科の医師の診療も受けられるのがこの仮設テント診療所の特徴です。

瓦礫化した村で活動するPMRSのスタッフ

診療を受けるために集まってきた女性たちに話を聞いたところ、この地区の約三五〇の家は空爆が始まった初日に完全に破壊されたとのことです。

「軍事侵攻で三七人が死亡した。負傷した人もたくさんいる。手足を切断された人もいるのよ」「侵攻中はとても怖かった。特に子どもたちが怯えて心配だったわ」と女性たちは話します。女性たちは、昼間は家があったこのテント村に来ますが、夜は親戚の家や部屋を借りて寝泊まりしている人が多いとのことです。

「ここは、水も電気もないし、トイレだって一つしかないのよ。とても住めないわ。それに、雨と風でテントは壊れちゃったの」

避難キャンプの簡易トイレすら、ガザには届かないのです。

診療に来ていたイテダルさんは四人の男の子と四人の女の子の母親です。九人目を身ごもっています。彼女の一二歳の息子、ムハンマド君は、空爆の日、コーラを買いに家を出て命を落としたそうです。大きなお腹を擦りながら「もし男の子だったら、亡くなったムハンマドと同じ名前をつけるつもりよ」と言いました。息子を失ったのにもかかわらず素敵な笑顔を見せてくれたのは、きっと新しい命に亡くなった息子の分も生きてほしいという希望を託しているからなのでしょう。

集まってきた女性たちの多くが妊娠しています。ほとんどは軍事侵攻後に妊娠がわかったそうです。ガザではさながらベビーブームと呼べるような状況が始まっています。悲惨な軍事侵攻後、彼女たちは新しい家族の誕生という明るいニュースに励まされているようです。

しかし、ＰＭＲＳガザ本部長のアブ・クーサ氏は停戦後も改善されないガザの状況を憂慮しています。

「ガザはまだ緊急事態のままだよ。医薬品はまだ充分ないし、癌や心臓病などの慢性疾患の患者はガザでは治療を受けられないけど外に出て治療を受けるのは難しい。保健省がイスラエルの病院の治療代を保障しなくなったこともあるしね。エジプトで支援国会議があって、たくさんのお金が約束されたけど、何も変わっていない。支援が入ってくる期待も薄れているよ。パレスチナ人はイスラエルがまた攻撃すると思っている。その分析が間違っていると思いたいけど」。しかし同時に彼は「でも、私たちはこの状態に逆に触発されるんだ。人々のニーズに応えなければならないから」と新たな決意を語ってくれました。

ミルクが届いた

停戦後も物資の搬入は滞っています。私たちは緊急支援として病気の子どもたちのために治療用の特殊ミルクをエルサレムで準備しましたが、ガザへの輸送が思うようにいきません。それで、同種の特殊ミルクを手で持てるだけ買い足して自分たちで持っていくことにしました。「人間の大地」のムハンマド医師の事務所に特殊ミルクを届けていると、そのニュースを聞いた女の子の父親が早速やってきました。女の子の名前はヌールちゃんで二歳半です。生後八ヵ月の時にアミノ酸の代謝障害があることが判明しました。通常のミルクを飲むと顔が黄色くなり、口から出血することもあるそうです。このような特殊ミルクは一缶約一万円と高価です。一月に五缶必要ですが、父親の月収を上回ってしまうのです。それでも買える時は、何とかお金を工面してきたそうです。でも、軍事侵攻中はこのミルクを探しまわっても見つからず、ヌールちゃんの状態が心配でたまらなかったそうです。幸い、エルサレムの倉庫に保管していた特殊ミルクも数日後にガザに無事運ばれました。

「人間の大地」栄養センター

栄養センターも不安を抱えての再開です。栄養専門家のナジャハさんは、スタッフが全員無事で何よりだったと言います。でも、停戦には懐疑的で、またいつ攻撃があるかと不安だと言います。そして、ガザの食料が充分確保できるようになるまで、壊れた家が修復できるようになるまで、長い時間がかかるだろうと語りました。長引く分だけ、栄養失調の子どもは増えていくのです。

センターでは、戦後の不安やストレスを抱えた母親たちとスタッフ全員にも心理カウンセリングを行なっています。ハンユニスの栄養センター長のハナンさんは「停戦後に新たな栄養失調児がたくさん訪れています。でも、栄養失調児の改善に満足してないわ。子どもたちがちゃんと食事をとれるのはセンターでだけなのよ。戦争後は野菜もなくなった。ジャガイモもない。

ハンユニスは農業地帯だったけど、戦争で破壊されたわ」と言います。

センターで二〇人の母親たちに質問したところ、家に野菜があるのは二人だけ、果物のある家は一軒だけでした。母親たちは「退院したくない。家に食べ物がないから、子どもがまた栄養失調に戻ってしまうのが怖い」と言います。

ガザ近郊のトゥッファーハという地区からきた栄養失調児の母親のララさんは、攻撃が怖かったと訴えます。そして軍事侵攻中に生後六ヵ月のマフムード君は血尿が出て、心配でたまらず、停戦後すぐにセンターを訪れたとのこと。マフムード君の体重は五キロしかありません。センターで薬を処方してもらい、栄養食ももらえて助かると言います。

ララさんは子どもに栄養食を食べさせる間にちゃっかり携帯電話を充電していました。センターは自家発電機を使っているため貴重な電気があるのです。これも、ガザで生き抜くための知恵なのでしょう。

停戦以降三月末までに、四一四人の新規の栄養失調児がセンターに通い始めました。残念ながら、封鎖が続く中では、今後も栄養失調児の増加が予想されます。さらに食料価格も高騰しています。JVCでは通常の支援に加えて緊急に食料の支援をしました。

幼稚園の子どもたち

停戦一週間後に訪れたガザ市東部のザイトゥーン地区の幼稚園では、幸い一三三人の園児も、先生たちも、幼稚園も無事でした。しかし、子どもたちが軍事侵攻で受けた傷がはっきり見て取れました。

ある男の子は、イスラエルの軍事侵攻中に彼の身に降りかかった出来事で表情を失くしていました。園長先生の話では、イスラエル兵が彼の家に入ってきて、父親を縛り上げ、暴力を振るったそうです。そして、縛られた父親の前で、男の子にも暴力を振るい、銃を向けたというのです。父親は「撃つなら俺を撃て！」と叫び続けました。男の子は幸いけがもなく、三〇分ほどで解放されました。しかし、それからほとんど言葉を発しなくなってしまったのです。

園児が描いた絵も見せてもらいました。空には無数の爆撃機が舞い、爆弾が家の上に降っている絵です。子どもたちにとって最も大切な家族の住む家を破壊しようとする爆弾。その恐怖が心の傷になっていることを表しています。

子どもたちは「爆撃が怖かった」と言います。家族・親族で亡くなった人の名前を聞いたら

園児の描いた空爆の様子

「アフマド、ムハンマド、マジディ、サーミル、アラ」と名前が次々出てきました。もちろん、けがした人はその何倍もいるのです。今回の軍事侵攻で、家族が影響を受けなかった人はいないと言われていますが、それが確認された形となりました。

ある女の子は語ってくれました。

「アラ叔父さんは天国に行ったの。サーミル叔父さんは入院しているの。フセイン叔父さんは撃たれてお風呂場で倒れたの。ナジャハ叔母さんは足をけがしたわ」

「天国には食べ物がたくさんあるの。ご飯を食べることができるわ。でも、地獄ではご飯は食べられないの」

彼女は「ユダヤ人は天国に行けないわ。だって、ひどいことをしたもの」とも語りました。

幼稚園は停戦一週間後の土曜日から再開しましたが、最初の一週間は子どもたちには勉強させずに、遊びながら、精神的に安定するのを見守っていくとのことです。園長先生は「ザイトゥーンはガザ市でも最も貧しい地区でもあるのに、国連機関の食料支援は入ってこない」と言います。

毎日の食事にも事欠く家庭の子どもたちにとって、幼稚園でいただく牛乳とビスケットは毎日のとっておきのごちそうであり、幼稚園に来る楽しみにもなっているとのことでした。

おもちゃをもらった園児と筆者

幼稚園の子どもたちが、軍事侵攻によって心に大きな傷を負っていることがよくわかりました。子どもたちにできることについて、先生たち、プロジェクトマネージャーとコーディネーターと話し合いを重ね、支援している五つの幼稚園、約五四〇人の園児にぬいぐるみやボールを三月末に届けました。

屈辱と不信

ガザの人たちは、イスラエル軍による残酷な行動、そして彼らが受けた屈辱的な経験を訴えます。多くの子どもを含む民間人が犠牲になったこと、ＵＮＲＷＡ本部や避難所として使われていたＵＮＲＷＡの学校への攻撃を非難します。そして、国際法に違反する白リン弾の人口密集地での使用について、わき腹に入った金属が体内で暴れて内臓が引き裂かれ死亡したという男性、手先に受けた傷口がどんどん広がるため肩の部分で切断しなければならなかった子どもなどの例を挙げ、「イスラエルは新兵器の実験場としてガザを使った。イスラエルは国際法を遵守しない野蛮な国だ」と責めます。

ある医師は、ガザ北部で把握しているだけで、一六九人が手足の切断や脊髄の損傷などで障害を負った、と話しました。

また、イスラエル軍が基地として使用したある家では、兵士が使用したオムツが撒き散らかされ、ソファーや洋服ダンスの中やいたるところに排便・放尿され、クッションは切り裂かれていたそうです。このような意見も聞きました。

「イスラエル人は自分たちが占領し苦しめてきたガザの人の家が、自分たちの家よりもきれいなことを妬んでいるからこんなことをするのよ」

「何のために、民間人を殺傷し、侮辱しなければならないの？　そんなことをしても誰もイスラエルの言いなりにはならない。もしハマスを根こそぎにしたいのなら、今までしてきたように幹部を暗殺すればいい。彼らが隠れた家や地下を狙うのは簡単なはず。情報提供者はたくさんいるんだから」

「ガザでこんなひどいことをしておいて、週末にイスラエルの自分の家に戻って、血に汚れた手で子どもを抱き、何もなかったように家族や友人と過ごせるはずがない。兵役でおかしくなるから、終わるとアジアに放浪するんでしょ」

そして、ある人はこのように結論づけました。

「かつて、ハマスもファタハ[*3]にもうんざりした時に、イスラエルの占領の方がまだましだったと思ったこともあったけど、それはあり得ないことがはっきりした。イスラエルはパレスチナ人を人間として見ていない。彼らは私たちとの和平は望んでいない」

＊3　ファタハ　一九五九年にヤセル・アラファートなどによりクウェートで結成されたパレスチナ人の帰還を目指す解放運動。一九六九年にアラファートがパレスチナ解放機構（ＰＬＯ）の最高執行委員会議長となり、ＰＬＯの最大勢力となる。しかしオスロ合意に基づく第一回評議会選挙に圧勝するも、合意に反対する政党・勢力に対する弾圧や特権を利用した腐敗のイメージにより支持が低下した。

募るハマスへの不信

ファタハの腐敗に辟易したパレスチナの人々は二〇〇六年の評議会選挙でハマスを支持し、ハマスが政権を握りました。自分たちが民主的手続きを踏んで選んだ政権を拒否する各国を非難してきました。二〇〇七年ハマスが武力でガザの治安拠点を掌握した時、暴力を使ったことへの非難もありましたが、ハマス政権による治安徹底で、人々は何年かぶりに夜中でも町を歩き、家族で海に泳ぎに行くことができるようになりました。しかし、今回のイスラエルによるガザ軍事侵攻はガザの人々のハマス政権に対する不信を募らせたようです。

ある医療従事者は、今回の軍事侵攻でハマスの次のような顔が見えてきたと言います。

イスラエルと闘わず逃げ隠れした。自分たちの生き残りしか考えていない。戦争後は支持者のみを支援するようになった。他の政党と同じになった。反ハマスのＮＧＯに支援活動をさせない。イスラエルと闘わずに民間人を見殺しにした。――このような見方がガザでは多いようです。

ガザのあるビジネスマンは、西岸のラマッラー政府から支援を受けないようハマスに言われたそうですが、誰と働くかよりガザのために経済活動をすることの方が重要だと、はっきり断ったそうです。あるタクシー運転手は、ハマスの仕返しが怖くて人々は公に批判できないと言いました。別の人は、批判の声をあげるだけでは問題にはならないものの、ハマスに対抗するような支援活動は停止させられていると言いました。ある農業系NGOがその例だそうです。そして、ハマスの武装勢力による国連の毛布や食料などの支援物資の横領などの行為は、その後ほとんどが返品されたようですが、ガザの人たちに大きな不信感を与えました。

封鎖解除に向けて

ラマッラーの調査会社が出した調査報告では、ハマス支持はガザで低下したものの、西岸では上昇したとしています。このことはパレスチナ内部分裂を深めていくのではないかと懸念されます。実際、三月一〇日に開始した、パレスチナ諸政党による和解会議は、物別れに終わりました。しかし、今後ガザの人々が人道危機的生活から脱し、尊厳のある生活を営むためには、ハマスとイスラエルが相互停戦を結んで封鎖解除が実施され、同時にパレスチナの諸政党が協力して修復・復興作業にあたる必要があります。そして国際社会も、ガザの人々の生活に必要不可欠な封鎖解除のための努力を惜しんではならないでしょう。

第2章　ガザが歩んだ道

1 文明の交差点

ガザには、オレンジなどの柑橘類、オリーブやナツメヤシを育てる温暖な気候と豊かな大地、海老やイカやたくさんの魚が獲れる地中海、そして、遥か昔から文明の交差点として栄えてきた悠久の歴史があり、人々はそれらを愛し大切にしてきました。

地中海温暖気候と水資源に恵まれたガザには、二五〇万年以上前の石器時代から人々が暮らしてきたとされています。そして、アジア、アフリカ、ヨーロッパが交差するこの地は古くから重要な文明の交流点として発展してきました。紀元前三五〇〇年には古代エジプト王国が、パレスチナの資源（銅や瀝青《れきせい》、オリーブオイルやワイン）に惹きつけられて、ガザのテル・エッサカンに要塞を建設し、ガザは町となりました。紀元前二〇世紀にはシリアの影響を受けますが、紀元前一五世紀には再度エジプトの支配下に入り、デルエルバラなどにいくつもの要塞が建設されました。紀元前一二世紀頃にはエーゲ海からやってきたペリシテ人が、ガザ、アシュケロン、アシュドッドなどの沿岸地域周辺を占領しました。旧約聖書に怪人サムソンが登場するのはこの時代で、彼が囚われたのがガザです。そして、パレスチナという地名はこのペリシテ人が由来とされています。

紀元前七三四年にアッシリアの支配を受け、紀元前五三九年にはペルシャ帝国の支配下に入り、商隊ルートの重要拠点となります。紀元前五二〇年には古代ギリシャがガザにアンテドン港を建設し、香料、医薬用没薬《もつやく》、ギリシャ陶器や硬貨が交易され、ガザはギリシャ建築や彫刻の影響を受けてたくさんの遺跡や美術品を残しました。紀元前三三二年にはアレキサンダー大王に征服され、ガザはシリア行政区の一部となりますが、一定の自治が与えられました。

ローマ帝王オーガスタスがガザを地元ユダヤ人王ヘロデに与えると、この地の人々はユダヤ教の影響を受けましたが、多神教であり続けたとされます。ビザンツ帝国支配下の四世紀には、キリスト教が広まり、多くのキリスト教神学者を生み出し、ガザのワインはイギリスまでも輸出されました。六三七年にイスラム軍に支配されてからは、イスラム文明の影響を受けながら、商業・文化の交差点として栄え続けます。キリスト教徒の多くはイスラム教に改宗しましたが、今でもモスクと教会が同じ敷地に残るなど、三〇〇〇人のキリスト教徒が住み続けています。

二〇〇七年にスイスのジュネーブで「ガザ　文明の交差点」という名の展覧会が世界で初めて開催され、ガザの六〇〇〇年の文明を今に伝える考古学的遺産が展示されました。ガザはユネスコの世界遺産への登録も検討されています。多くの美術品を略奪から守ってきた個人による博物館が二〇〇八年にガザに新設されました。世界に誇る豊かな歴史文明を身近に感じることは、困難な生活を生きるガザの人たちに希望をもたらすことと思います。

2 ナクバ（大破局）へ

オスマントルコ帝国の衰退は、英国やフランスという西欧列強による領土分割競争を招きました。一九一七年、大英帝国外務大臣バルフォアは、パレスチナにユダヤ人国家を設立することを目標とするシオニズム運動の有力者の一人ロスチャイルド侯に、英国政府がパレスチナに「ユダヤ民族のためのナショナル・ホーム（民族的郷土）」を建設することを支持し、協力するとした書簡「バルフォア宣言」[*1]を送りました。

一九一八年一一月に第一次大戦が終了すると、一九二〇年四月のサン・レモ会議でパレスチナは英国委任統治領と認められ、一九二二年七月国際連盟理事会が英国の委任統治を追認しました。委任統治規約は前文で委任統治国がバルフォア宣言実行の責任を負っているとし、パレスチナにユダヤ人のナショナル・ホームを建設することを委任統治の目標に定めました。何千年または何万年とこの地に暮らしてきたパレスチナ・アラブ人の政治的な権利は否定されたのです。

ユダヤ人移民の増加とユダヤ人土地所有の拡大は、パレスチナ人の強い反発を招き、一九二九年に「嘆きの壁」での衝突事件が起き、一九三六年にはアラブ大反乱が勃発しました。

その後、ホロコーストを逃れる東欧からのユダヤ人移民が増え、第二次大戦後はホロコーストを生き延びたヨーロッパのユダヤ人難民の受入先が国際問題となります。英国は新たに結成された国際連合にパレスチナ問題の解決を委ね、それを受けて国連はパレスチナ特別委員会を設置し、一九四七年パレスチナ分割決議案が国連総会において決議されました。ユダヤ人の国にパレスチナ全土の五七％を割り当てるとするこの決議にアラブ諸国は反対しました。

一九四八年四月、シオニスト[*2]軍事組織によるエルサレム近郊のパレスチナ人のデイルヤシン村虐殺事件は、パレスチナ社会を大混乱に陥れました。そして、パレスチナ各地で展開された軍事作戦を逃れるために、パレスチナ人は近くの村や近隣諸国への避難を始めました。パレスチナ人は、土地を追われ難民となったこの惨事を「ナクバ（大破局）」と呼びます。

一九四八年五月一四日、英国はパレスチナ委任統治を終了し、軍を撤退させました。同日イスラエルの建国が宣言されました。その翌日、エジプト、シリア、ヨルダン、レバノン、イラクのアラブ諸国はパレスチナへの侵攻を開始しました。一九四九年の休戦協定で、アラブ諸国とイスラエルの間の軍事境界線（通称グリーン・ライン）が決められましたが、イスラエル側の土地は国連分割案が割り当てたよりはるかに多く、パレスチナ全体の七八％がイスラエルの管理下となりました。

＊1　シオニズム　ユダヤ人が聖書で神に約束されたとする「シオンの丘」（「イスラエルの地」であるパレスチナ）に帰還してユダヤ人国家を建設しようとする思想・運動。
＊2　シオニスト　「シオニズム」を支持・実行する人。

難民となって

イスラエル国家となった土地を追われたパレスチナの人々の多くが、ガザにも避難あるいは追放されてきました。彼らは主にハイファやヤッフォ、アシュドッドやアシュケロン、そしてベエルシェバなどからやってきました。一時的に家を離れたはずの難民がいまだに家に戻ることができないのです。

一九四八年当時約八万人だったガザに、二〇万人もの難民が押し寄せました。現在のガザの人口は約一五〇万人。そのうちの約七割は一九四八年「ナクバ」の難民とその子孫で、その多くは今でも難民キャンプに住んでいます。

国連から派遣された調停者ベルナドッテ伯爵によるイスラエルとの難民帰還交渉は、イスラエル人による彼の暗殺後立ち消えになりました。一九四八年戦争後、ガザはエジプトの管轄下に入りますが、ガザの人々はエジプト国籍を得ることはありませんでした。ガザの人々はいまだに国籍を持っていません。難民のほとんどは現在に至るまで、ＵＮＲＷＡによる食料、教育、医療などの支援に頼って生活をしています。

ハイファを追われガザに住むようになった老女は今でもハイファに戻ることを夢見ています。「ハイファは本当に素敵な町だった。私たちは文化的な生活をしていたわ。それに比べ、ユダヤ人は本当にかわいそうな人たちだったのよ。着るものも食べるものもろくになくて。私たちは服や食料を分けてあげていたの。その時は私たちが追い出されることになるとは思ってもみなかったわ」

3 軍事侵攻が始まった

「巨大刑務所」となったガザ

一九六七年からパレスチナ(西岸、東エルサレム、ガザ)は、イスラエル占領下に置かれ、イスラエル軍令によって統治されます。ガザは、あらゆる経済発展を否定され、イスラエル経済に取り込まれ、イスラエル製品の市場となり、人々は安価な労働力としてイスラエルへの出稼ぎで生活を立てることを強いられていきました。占領に対するパレスチナ人の抵抗運動は徹底的な軍事作戦にさらされました。また、イスラエルによる入植地計画も一九七七年から積極的に推し進められ、豊かな土地と資源が次々と奪われていきました。

そのような中、一九八七年にはイスラエルの占領に抵抗する第一次インティファーダ（民衆蜂起）がガザで発生しました。ガザの検問所に並ぶパレスチナ人にイスラエル軍用車が突っ込み、死傷者が出たことがきっかけに始まった民衆蜂起です。瞬く間にパレスチナ全土に広がり、商店の閉鎖、イスラエルへの税金の不払い、イスラエル軍用車への投石などに発展しました。全世界がイスラエルの占領政策に目を向けるきっかけとなり、和平交渉への布石となりました。イスラエルは一九九一年に西岸とガザの人々に対しイスラエルに入るための許可制度を導入し、パレスチナ人の出入りの制限を開始しました。

一九九三年九月にイスラエルとパレスチナ解放機構（ＰＬＯ）の間で結ばれた「暫定自治に関する原則宣言」（オスロ合意）は、西岸とガザにパレスチナ人による自治管理への移行期間を約束し、一九九四年五月の「ガザ・ジェリコ先行自治協定」（カイロ協定）では、イスラエルは両地区（入植地や軍事拠点を除く）から撤退し、ＰＬＯはパレスチナ暫定自治政府（ＰＡ）を設立し先行自治を開始することが合意されました。一九九五年九月には、「暫定自治拡大合意」（オスロ合意Ⅱ）が署名され、イスラエルは西岸地区の主要六都市および人口密集地から撤退すること、およびパレスチナ暫定自治政府に民政権限と治安権限の一部を移譲することに合意しました。この合意ではイスラエルは引き続き、外部からの脅威に対する防衛の責任（すなわち、陸の境界・海域・空域の管理）、入植地を含むイスラエル人の安全や治安維持の責任を持ち続けることになっています。

そして一九九六年一月にはパレスチナ総選挙が実施されました。ガザは一時的に投資バブルに沸いたものの、それは束の間のものでしかありませんでした。一九九六年にイツハク・ラビン首相の主導によりガザとイスラエルを分断する壁が建設され、イスラエルからの切り離しが始まったのです。

オスロ合意に基づく和平交渉は難航し、二〇〇〇年の最終地位交渉決裂後は第二次インティファーダ[*3]が発生しました。インティファーダの抵抗運動を押さえ込むためにイスラエル軍はパレスチナ自治政府管理地区に再び軍事侵攻をしました。

ガザとイスラエルを分断する壁は、二〇〇一年にガザを完全に包囲する形で完成しました。エジプトとの境界も「フィラデルフィ回廊」と呼ばれる数百メートルの軍事緩衝地帯と壁により完全に閉鎖されました。ガザを直接外部と結ぶガザ国際空港はオスロ合意に基づき一九九八年に完成したものの、二〇〇〇年にはイスラエルにより閉鎖され、二〇〇一年には滑走路が爆破されました。港の建設計画は凍結されたままです。ガザと西岸を結ぶ「安全通路」は具体的な計画にも至っていません。二〇〇九年に至るまで、ガザの陸、空、海のすべてにおいて、人・物・資金の出入りはイスラエルにより管理されています。

度重なるイスラエルによる軍事侵攻と厳しい封鎖政策は、イスラエルの輸出に頼っていた経済を麻痺させ、出稼ぎに頼ってきた労働者を失業させ、人々を援助に依存しなければならない状況に追い込んでいきました。ガザは屋根のない「巨大な刑務所」と化したのです。

ロードマップからガザ撤退へ

二〇〇三年四月、カルテット（米国、欧州連合、ロシア、国連）提案のロードマップ（行程表）は二〇〇五年に紛争の最終決着を目指しましたが、イスラエルによる入植地建設凍結とパレスチナによる武力攻撃停止という基本条件が満たされないために進みません。

二〇〇四年にパレスチナの指導者ヤセル・アラファトが亡くなり、マフムード・アッバスが大統領に就任します。イスラエルとパレスチナ自治政府はエジプトのシャルム・シャイフで和平プロセスを推し進めることに合意しましたが、結果は見えてきません。

二〇〇五年九月にイスラエルはガザ全域からの軍隊と入植者の一方的撤退を実施しました。ガザ内の入植地や軍事拠点は撤去されて移動はほぼ自由になりましたが、外に繋がる陸・空・海の境界はすべてイスラエルの管理下であり続けました。国際社会はこの状態はイスラエルの占領が継続している状態とみなしています。

二〇〇五年一一月には、平和的な経済開発を通して人道的状況の改善を促進することを目的として、イスラエルとパレスチナ自治政府は米国と欧州連合の仲介により「移動とアクセスの合意（AMA）」に同意しました。合意内容は①ラファの国境を国際基準に基づき開放、②イスラエルはガザの農作物の輸出を許可、③ガザと西岸を結ぶバスやトラックの通過許可、④西岸内の移動の制限の緩和、⑤ガザの港の建設、⑥空港の建設、についてです。しかし、ラファの

＊3　第二次インティファーダ　二〇〇〇年九月にイスラエルの野党党首アリエル・シャロンがイスラム教の聖地アル・アクサ・モスクのあるハラム・アッシャリーフ（ユダヤ教では神殿の丘）に警官一〇〇〇人を伴い訪問したことに対する抗議行動をきっかけに始まった民衆蜂起。第一次インティファーダと異なり、イスラエル、パレスチナ双方の武力行使が被害を拡大させた。アル・アクサ・インティファーダとも言う。

通行制限には多少の緩和が見られたものの、それ以外の項目は二〇〇九年時点で確保されていません。

4　ハマス政権誕生と国際社会による制裁

人々が選んだハマス政権

二〇〇六年一月のパレスチナ評議会選挙でパレスチナの人々は、イスラエルと協力し腐敗したというイメージができ上がったファタハではなく、清廉かつプロフェッショナルで信頼できるイメージを持つハマスの政党「変化と改革」を支持し勝利に導きました。しかし、イスラエルおよび国際社会の多くは、二〇〇六年三月に誕生したハマス政権を認めず外交を絶ちました。

イスラエルによる封鎖政策で、二〇〇五年には一日平均一万人を越えていたガザからイスラエルへの出稼ぎは二〇〇六年四月からは完全に停止しました。また、ガザからイスラエルへの製品輸出も二〇〇六年にはほぼ停止しました。ラファのエジプトとの国境も頻繁に閉鎖されました。封鎖はガザの失業率を三五％に、貧困率を八八％に引き上げました。（国際労働機関報告書、二〇〇七年）

イスラエルはパレスチナ政府に代わって徴収している税金の返還（毎月約六〇〇〇万ドル）を凍結し、国際社会は新政権に対して経済支援・開発支援を凍結しました。さらに米国財務省はパレスチナ自治政府との金銭的取引を禁止したため、各国がそれに続き、自治政府は財政危機に見舞われ、公務員の給料を支払えなくなりました。

ガザの労働者の四割を占める公務員の給料が未払いになると、公務員のストライキが起こります。病院や学校は閉鎖し、郵便局などの公共サービスは停止しました。ストライキは二〇〇七年一月まで続きました。

欧州連合はパレスチナ自治政府を通さずにパレスチナ人を支援する仕組みである臨時国際装置（ＴＩＭ）を設置し、病院の燃料代や公務員の給料などの肩代わりを試みましたが、既存の財政制度の分解を招くなどの混乱ももたらしました。さらに、イスラエルが返還を拒否している税金を補うために、国際社会の支援は人道支援に廻ったので、道路建設や下水処理施設建設などの開発プロジェクトの多くが停止しました。欧州連合の全体の支援額に占める人道支援金額は二〇〇五年には一六％だったのが、二〇〇六年には五六％となったと報告されています（「オックスファム」報告書、二〇〇七年）。

被占領民に対する経済制裁

イスラエルの軍事占領下にありながら経済制裁にあっているガザの人たちの異常な状況を、国連人権理事会特別報告者、ダガード氏は次のように激しく非難しました。

「パレスチナの人々は経済制裁の対象になっている。被占領民がこのような扱いを受けるのは前例がない。…イスラエルは占領者としてパレスチナ人の社会福祉を提供するという義務に違反している」（国連事務総長声明、二〇〇七年一月）。

また、世界銀行は、経済危機を回復するために必要な条件として、経済の活性化を通して自治政府に順当な予算を流し、公務員の給料の支払いを可能にし、人道的支援の必要を減らすことをあげ、その実現のためにはイスラエルがパレスチナに代理徴集している税金のイスラエルによる返還と西岸とガザの物資の輸出入の許可が必要だとしています。また、物資の移動のためには二〇〇五年の「移動とアクセスの合意」の実施が必要だと説いています(「世界銀行」報告書、二〇〇七年五月)。

イスラエル兵士拉致と軍事侵攻

二〇〇六年六月末にガザの武装勢力によるイスラエル兵拉致事件が起きました。ハマスは、攻撃は数週間前にガザの海岸で家族が殺害されたことに対する報復であると主張しました。また、ハマスの武装組織は、イスラエル刑務所に収監されているすべてのパレスチナ人女性の解放を求めました。

イスラエルはガザからのロケット攻撃を抑え、捕らえられたイスラエル兵士ギラッド・シャリットを解放することを目的として、二〇〇六年六月二八日に「夏の雲作戦」を展開します。イスラエル政府の発表では、イスラエル軍のガザ撤退から二〇〇六年六月までにガザから七五七発のミサイルがイスラエルに撃ち込まれたということです。

この作戦によるイスラエル軍のガザへの再侵攻により、主要道路、自治政府官庁、電力発電所が破壊され、電気・水の供給に影響が出ました。そしてイスラエルは六月二九日に、パレスチナ自治政府の財務大臣、労働大臣、宗教大臣などの閣僚八人やパレスチナ評議会（国会に相当）議員二〇人を含む八八人のハマス関係者を拘束し、パレスチナ評議会を麻痺に追い込みました。

さらに、イスラエルは一一月、ベイトハヌーン地区への集中軍事攻撃「秋の雲作戦」を展開しました。イスラエル政府は、二〇〇六年の初めから、ベイトハヌーン地区から三〇〇発以上のロケット弾がイスラエルに向けて発射されたとしています。

パレスチナ国連オブザーバー、リヤッド・マンスールは、イスラエル軍の攻撃で六日間の間に八二人が殺害されたと訴えました。この中には一家族のうち一八人が殺された例も含まれています。イスラエル国連代表は民間人の死を、砲撃の点火システムの技術的な失敗として遺憾を表明しましたが、ガザをテロリストのロケット発射台とし、過去一年間に一〇〇〇発のロケットの発射を許したパレスチナ人に責任があると語りました。

一一月二六日、イスラエルとハマスの間で停戦が合意されましたが、ハマス以外の武装勢力によるロケット攻撃やイスラエルによる空爆は断続的に続いていきます。そして停戦中の二〇〇七年四月のイスラエルによる空爆後、ハマスは五ヵ月に及んだ停戦の終了を宣言、ハマス武装勢力によるイスラエルへのロケット攻撃が再開しました。そして五月にはイスラエルの地上部隊がガザに展開します。

ガザ内戦と統一内閣

イスラエルと国際社会が新政権をボイコットし制裁を加える中で、選挙に勝利したハマス政党と破れたファタハ政党間の争いは暴力的な内戦の装いを帯び、被害が拡大していきます。二〇〇六年には年間で死者が一四六人（負傷者八七一人）に達しました。二〇〇七年二月にサウジアラビアの仲介のもと、パレスチナ大統領アッバスとハマスの政治局長メシャアルの間で「メッカ合意」が結ばれ、統一内閣が設置されますが、治安権限の問題を巡り対立は激化し、二〇〇七年一月から五月までに死者が一九八人（負傷者七二四人）にも及んでいます。特に五月だけで死者は六三人（負傷者三〇七人）でした（UNOCHA＝国連人道支援調整部報告書、二〇〇七年）。

政党間の内戦は、ガザに無法地帯を生み出し、武装一族などによる強盗、拉致などの暴力が横行するようになりました。二〇〇七年三月一二日、イギリス国営放送BBCの記者のアラン・ジョンストンがガザで拉致されるという事件も起きました。

5 ハマス治安拠点制圧とイスラエルによる燃料制裁

ハマスに制圧されたガザ

二〇〇七年六月一四日、ハマス武装勢力はガザの治安拠点を武力で制圧し、ハマスはガザ内のすべての政府機関を実質管理しました。アッバス大統領は大統領令で統一内閣を解散させ、独立派のサラム・ファイヤドを首相に任命して、西岸のラマッラーに緊急内閣を発足させました。ハマスは統一内閣の解散に反対し交渉を試みますが、アッバス大統領はガザ支配を自治政府に返還しファイヤド内閣を承認するまでは交渉に応じない姿勢を崩しません。

ファイヤド政権は西岸において幾つかの治安および経済改革に着手しました。アッバス大統領はイスラエルのオルメルト首相との話し合いを持ち、パレスチナ人囚人の解放や凍結されていた関税の支払いを引き出しました。国際社会はファイヤド政権に支援を再開しました。しかし、ハマス系評議会委員の多数がイスラエルに拘束され、評議会が成立しない中での緊急内閣継続の正当性にはパレスチナの中でも疑問の声が上がっています。

ハマスによるガザ制圧後、ガザの治安は今までに見たこともないほど良くなっていました。街もビーチも家族連れや子どもたちで溢れていました。レストランも昼間から満員、結婚式も深夜まで行なわれていました。ガザの人はこの状態を「ハネムーン」と呼びました。

ガザのいたるところで警察やボランティアが交通整理を行ない、アラファト元議長宅やアッバス大統領宅を護衛していました。制圧前後の混乱時は、盗難もあったようですが、ハマスは盗まれたものも取り戻したと聞きました。ゴミ収集車が走りまわり、道も清掃され、町は格段に清潔になりました。また、制圧直後にパンや小麦粉の買い占め価格が上昇しましたが、ハマスが即座に介入し、業者による小麦粉の隠し持ちや便乗値上げを禁止し、価格は元に戻ったそうです。

しかし、ガザはイスラエルや国際社会だけでなく、西岸のラマッラーに設立された緊急事態内閣からも、切り離され始めます。ガザの外務省職員で日本に来たことがある知人は、ハマスがガザを制圧した直後にラマッラーの職員に仕事を引き継ぐように命じられ、それ以来自宅待機の日々が続いています。ガザのシンクタンクのコンサルタントは、ラマッラーの緊急内閣が、ガザの予算を人件費も含めて、ラマッラーに移し始めたと言いました。

　翌六月二七日、イスラエル軍がガザ市とハンユニスに空爆を行ない、一般市民も多く巻き添えになりました。いよいよ外からの攻撃が始まったのです。友人はポツリと「ハネムーンは終わりね」と言いました。

ハマスがガザを制圧した日

　ハマスがガザを制圧した日の様子を友人はこう語りました。家のすぐ裏にあるファタハ治安部隊拠点から煙が上がったので見に行くと、覆面したハマス武装勢力が駆けつけてきて、すぐに消防車を呼んで火を消し、中に入って物を盗もうとする人を制したそうです。

　最後まで事務所に残ったファタハ系治安部隊幹部がハマス武装勢力に連行され、次のように「告白」したそうです。ラマッラーの治安本部から事務所を守るように言われたので、数人の部下とともに事務所の最上階に待機していた。しかし、ラマッラーの本部に何度電話しても繋がらない。気がつくと、下の階に人の気配がない。屋上から海を見ると、治安部隊の幹部たちがボートで海に漕ぎ出して逃げるところだった。そこに、若者たちも、一緒に逃げようと駆け寄ってきた。ところが、幹部たちは自分たちだけ逃げようとしたのか、追いかけてきた人たちに向かって発砲を始め、海岸で打ち合いになった。その様子を屋上で見ながら何度もラマッラー本部に電話をしたものの繋がらない。本部に見放され、ファタハ治安部隊は「もう終わった」と感じた。そこで、秘密文書の消滅のために下の階にあったコンピューターや書類にガソリンを撒き、火をつけた、そして、ハマスに逮捕された、とのことでした。

外国人記者解放

ハマスはガザを制圧してから治安回復に必死になりました。特に力を入れたのは組織犯罪の撲滅です。ガザの人がファタハの腐敗を話す時、ファタハ系治安部隊と組織犯罪グループの癒着を口にします。有力な一族が武装した犯罪組織を持ち、麻薬や武器の密輸・売買をし、治安部隊はそのような組織と協力することで利益を得ていたとまことしやかに語られます。外国人拉致を行なっているのも「マフィア一族」と呼ばれる、このような一族で、治安確保のためには彼らを管理下に置くことが必要だったのです。

マフィア一族の中でも最大で最強と言われているのがダグムーシュ一族で、英国国営放送BBCの記者アラン・ジョンストンを拉致した「イスラム軍」を組織していました。知人は「ハマスはマフィア一族を一つずつ潰していくことで、このダグムーシュ一族に圧力をかけているんだよ。ダグムーシュ一族がアラン・ジョンストンを解放するのは時間の問題だよ」と言いました。

数日後の七月二日、ハマスはこのダグムーシュ一族でイスラム軍のリーダー格を逮捕しました。そして、遂に七月四日未明、アラン・ジョンストンは一一四日ぶりに解放されました。ガザは記者解放のニュースに沸きました。ガザの人たちは外国人を拉致するこのような組織を厳しく非難していました。ガザの人たちにとって、ガザにいる外国人は大切なお客様であり、占領下で困難な生活を強いられている自分たちの声を代弁してくれる貴重な存在です。中でもアラン・ジョンストンは、他の記者が引きあげても最後までガザに残って「真実」を伝えようとしてくれたとして絶大な人気を得ていたのです。

イスラエルによるガザ「敵対地域」宣言

西岸のラマッラーの緊急内閣がイスラエルと国際社会の承認を受ける中、ガザのハマス政権は孤立し、封鎖はさらに厳しくなり、イスラエルが認める狭義の「人道物資」以外の物資の持ち込みは厳しく制限されました。セメントやパイプなどの建築資材はもちろん、一般食料品、日用品、学校や事務所用の紙やノートがガザから消えました。

イスラエルによる厳格な封鎖政策は、大規模な企業の閉鎖による雇用解雇や商品不足と価格高騰をもたらしました。さらにイスラエル政府は二〇〇七年九月一九日に、ガザを「敵対地域」と宣言し、一〇月二八日からガザへの燃料・電気の削減（調理用ガスが二三％減、ガソリンが四〇％減、軽油が四九％減らされました）を開始しました。

麻痺する日常生活

二〇〇七年一〇月末に開始した燃料供給制限は、ガザに多大な影響を与えました。一二月に訪問したガザは、燃料組合が抗議のためにガソリンスタンドを閉鎖していました。ガザの交通手段の乗り合いタクシーが町から消えて、ガザの人々は通勤、通学、通院の足を奪われました。乗り合いタクシーならガザ市内は二シェケル（約六〇円）なのに、タクシーを呼ぶと一〇シェケル（約三〇〇円）かかります。ほとんどが支援物資で生活するガザの人にはとても払えない金額です。

大学の講師を務める友人は、「今日は試験の日だったのに、半分の学生が来られなかった。ガザの大学生にとって試験はとても大切なのに。彼らの救済方法を考えないと」と話しました。彼女もタクシーで大学に行き、往復で二〇シェケル（約六〇〇円）もかかって大変とこぼしていました。

栄養センターを運営する「人間の大地」の代表は「いつもは数十人の子どもとその母親たちでごった返す栄養センターが、今日はガラガラだったの」と語りました。センターに来る母親たちの乗り合いタクシーが消えてしまったからです。栄養センターは週三日栄養食を提供していて、子どもたちが欠かさずセンターに来ることが早期回復に不可欠なのに、と心配していました。

燃料不足による電力不足も深刻で、毎日数時間から八時間の停電がありました。そのため、病院や事務所では自家発電機がフル回転していますが、その燃料が不足しています。訪問したＮＧＯでも全体会議が開かれ、事務所の燃料の備蓄はどれだけあるか、どのくらい持つのか、遠出の仕事は控え燃料を節約しようと話し合われていました。ガザの人たちを支援するはずのＮＧＯもガソリンがなければ身動きが取れなくなってしまうのです。

仕事の後に訪れた友人宅は停電していました。ロウソクを何本も灯しながら、食事を作り、食べました。「たまにならロウソクで食事もロマンチックで良かったりするけど」と言う彼女。でも子どもたちは「テレビもラジオもパソコンも動かない、宿題をすることもできない、こんな不便な生活にはもううんざり」と不満を口にしていました。

商店の危機

二〇〇七年一二月のガザ市の街中の商店は、封鎖の影響で半分ほどがシャッターを閉めていました。頑張ってお店を開いている八百屋の棚は、商品が少なく、空っぽの棚が目立ちます。リンゴやバナナはイスラエルからの輸入品なのでめったに入らなくなり、価格は倍になりました。パレスチナ産のイチゴやオレンジなどの柑橘類が並んでいます。イチゴはもともとイスラエルへの輸出用に作られている高級果物ですが、輸出が止まったため、ガザ内に出回っていました。

パン屋の店主の話では、原材料の小麦粉の値上がりが著しく、ここ半年で八〇％値上がりしたそうです。仕方なく、パンの値段もかつては五〇枚で六シェケル（約一八〇円）だったものを八シェケル（約二四〇円）と三割強値上げしたそうです。でも、これでも利益はほとんど出ないと言っていました。

ファラッフェル（ひよこ豆を潰して作ったコロッケ）屋には、大勢のお客さんが並んでいました。サンドイッチが一シェケル（約三〇円）と昔のままで売られていました。この店は庶民の味方として、なんとか値上げをしないで頑張っているようです。ガザのファラッフェルはスパイシーかつカラッと揚がったサクサク感が、特別においしいのです。

高級スーパーからも商品が消えつつあります。店主の話では最初に消えたのはタバコ、そしてヨーロッパ産のチョコレート、コカコーラなど全部で六〇〇品目。トイレットペーパーやティッシュペーパーなどの日用品も選択肢がなくなっています。イスラエルからの通過許可を待つために、港での倉庫代や輸送費がかさみ、価格も値上げしているとのことです。輸入品に代わって、スーパーの棚を埋めているのはガザ産のチョコレートやコーラです。売れ行きは「まずまずだよ。他にないからね」と言っていました。

そんな中、二〇〇七年一一月米国アナポリスで、アッバス大統領とオルメルト首相は一年後の最終和平締結に向けた和平交渉の再開に合意しましたが、イスラエル・パレスチナ両社会の受け止め方は冷ややかです。

エジプトとの境界が開いた！

二〇〇八年一月二三日の朝、「エジプトとの境界が開いた!?」という一大ニュースが飛び込んできました。明け方に境界になっていた壁が爆破され、朝からガザの人たちがエジプト側のアリーシュという町に殺到しているとのことです。訪問先のガザのＮＧＯ事務所でもその話で持ちきりでした。

人々が買いたいのは、子どものミルクやコーヒーやチョコレート、ノートや洗剤などの日用品から、ロウソクにガソリンや灯油などの燃料など、生活に必要な物すべてです。ありたけの現金を親族からかき集めて、買い出しに行くようです。

同時に、「刑務所化」したガザから一歩外に出て「自由を味わう」ことも、目的のようでした。

無駄なエネルギーを消費しないよう、寒い家の中で毛布に包まってじっとしている人にとって、エジプトに行けるということは、一瞬でも「刑務所」から解放される特別な時なのです。ちょっとした「家族旅行」しかも「海外旅行」、またとない一大イベントなのです。

でも、タクシー代を払ってエジプトで物を買う現金が捻出できるのはまだ恵まれた人たちで、私たちが支援している園児や栄養失調児の家庭には、そんな余裕はありません。そして、このような家庭がガザの半分以上を占めているのです。

エジプトとの国境が一時的に開いたことは、言ってみれば「束の間のお祭り」で、実際、一週間ほどで閉鎖されました。

イスラエル軍事侵攻「暖冬作戦」

二〇〇八年二月二七日から三月三日にかけて、イスラエル軍はガザに軍事作戦「暖冬作戦」を展開しました。ガザにあるアルメザン人権センターの三月の発表によれば、この作戦によって二七人の子どもと六人の女性を含む一〇七人が死亡、二〇〇人以上が負傷しました。また、二〇〇八年の初めから三月三日までのパレスチナ人の死者は、三七人の子どもと一六人の女性を含む二三六人に上ると発表しました。イスラエルでもガザからのロケットのために、学生が一人、兵士が二人犠牲になりました。

欧州議会は二月一九日、ガザの隔離政策は政治的にも人道的にも失敗に終わったとし、両者に国際法を尊重しすべての暴力を停止するよう再度求めました。またイスラエルに対しては封鎖の終了を求め、ガザへの電力供給削減の決定に深く憂慮すると表明しました。国際NGOの共同体AIDAも二月に封鎖解除を求める声明を発表しました。

窓ガラスが怖い

攻撃の中、ガザの友人と電話で話したところ、ガザでは学校も幼稚園も事務所も休みになっているそうです。ガソリンが不足していて、車の通行が少ないガザの街は、車も人もほとんどいなくひっそり静まりかえっているそうです。

彼女は家にこもって仕事をしていました。電話をしたのはたまたま電気が通じている時で、「パソコンを動かすことができるの」と言っていました。しかし、家にいても不安で特に窓には近づけないと言います。彼女は以前に、事務所の近くのビルが爆破された時に、その風圧で割れたガラスを頭から被った経験があり、そのことがトラウマになっていると言っていました。彼女の姪は家の中にいながら、割れたガラスの破片でけがをしました。空爆はとてつもない風圧を伴い、無差別にまわりの建物の窓ガラスを粉砕します。家の中にいても安心できないのです。

ＰＭＲＳガザ本部被害

二月二七日夜、パレスチナ医療救援協会（ＰＭＲＳ）のガザ本部ビルが、近くにある内務省ビルの空爆に巻き込まれました。ＰＭＲＳ本部ビルには診療所と薬局、二台の救急車と障害者のための器具貸し出しセンターと管理事務所が入っていましたが、ビルは半壊し、救急車一台とすべての医薬品、ほとんどの機材が破壊されたそうです。

ガザにはあらゆるものの持ち込みが制限されています。医薬品も建設用のセメントやコンピューターもです。したがって破壊された建物の修復はもちろん、壊れた医療器具や医薬品を再度揃えるのはほぼ不可能です。

人道危機的な状況で、特に医療サービスと医薬品の不足が深刻なガザで、地域に安価で信頼できる医療サービスを提供しているＰＭＲＳが一時的でも閉鎖されることは、ガザの人たちの健康維持に大きな影響を与えることが懸念されました。

燃料制限の厳格化

イスラエルは一月から三月まで、ガザへの燃料の供給を必要量の約半分に削減しました。さらに、四月九日にガザへの燃料供給ポイントのナハルオズターミナルが攻撃されてから四月一五日までの間、すべての燃料の供給が停止されました。

四月一五日のガザの燃料状態に関する国連諸機関による共同声明では、燃料制限のために、正常な交通手段が停止し、学生が学校に、医療従事者が病院にたどり着けない状態であること、ガザの人々の死活問題にかかわる食料などの物資の輸送が困難であることを指摘しています。救急車は四四台のうち一〇台が運行できなくなり、ゴミ収集車も停止、汚水処理施設も機能停止して毎日八万平方キロメートルの汚水が海に流されているとも報告されています。

一六日から工業用ガソリンと調理用ガスが一時的に供給されましたが、車両用ガソリンと軽油の供給停止は続き、四月二四日から二九日の間、ついに燃料不足の影響でＵＮＲＷＡは六五万人への食料支援が不可能な緊急事態に陥りました。ＷＦＰも食料配給を四月二六日に停止しました。四月末に緊急事態は回避されましたが、五月以降も燃料制限は継続します。

６「タハディーヤ」の中で

「タハディーヤ」

二〇〇八年六月一九日木曜日午前六時、ガザ内を実質支配するハマスとイスラエル政府が「タハディーヤ（平静＝停戦）」に入りました。タハディーヤでは、双方の武力停止とイスラエルによる封鎖解除が条件です。

合意の背景には、イスラエル側にガザ隣接地域への防衛の術《すべ》がないこと、ハマスが拉致したイスラエル兵士の返還交渉が必要なことがあり、ハマス側には人道危機的状況の緩和のために封鎖解除の必要に迫られたことがあります。

しかし、ハマスが要求した西岸地区へのタハディーヤの適用は見送られました。そのため西岸では、イスラエル軍あるいはパレスチナ警察によるイスラム系列の団体や施設の襲撃や捜索、関係者の拘束や逮捕が頻発していきました。

六月二四日、武力勢力「イスラミックジハード」は、前日に西岸ナブルスで組織のメンバーがイスラエル軍により殺害されたことに対する報復として、ガザ地区からイスラエルにロケット弾を発射しました。

名ばかりのタハディーヤ

タハディーヤ成立から約六週間後の八月、訪れたガザで友人に何か変化があったか聞きました。友人の答えは「何も変わらない。電気もガスも水も不足しているわ」というものでした。友人はガソリン不足で通勤の足を奪われ、毎日三〇分以上かけて歩いて通勤しています。

移動の足を奪われたガザは静かです。たまに走るタクシーは黒い煙を撒き散らしていました。知り合いのタクシー運転手は「ほら、あの黒い煙はファラッフェル(ひよこ豆で作ったコロッケ)

のにおいがするだろう。あっちは魚のにおいがするね」と言いました。ガザの車の燃料は揚げ物に使った食用油の使い古しなのです。車の代わりを果たしてきたロバや馬は疲労困憊のようです。お尻に大きなタダレがあったり、毛が抜けている悲しい目をしたロバを目にします。

ガザに向かう商業物資が三〇％増えたと報道されていました。しかし、ほとんどゼロだった状態に三〇％足してもそれは数字のトリックでしかないのです。相変わらず一日の三割ほどは停電。停電のため断水。汚水処理施設は停止したままで、汚水は海に垂れ流しです。ガザの人の貴重な資源の海と海産物は汚染され、黒ずんでいました。人々は人道支援物資で餓死しないギリギリで生かされています。人々はタハディーヤで受けるはずの恩恵を受けていないのです。

子どもの栄養センターを運営するスタッフはこう言っていました。

「イスラエル産の果物や野菜が少し入るようになったけど、高いだけでなく傷んでいる場合が多い。検問所で長時間待たされるからなのね」

「ジュースとかお菓子とか、子どもの栄養にならないものはお店に並ぶようになったけどね」

実際、町のスーパーや飲食店では、イスラエル産のジュースが並んでいました。栄養に必要な野菜や果物が入りにくいのに、お菓子やジュースは入ってくるのです。

人々の足、ロバ車

女性映画監督誕生

この頃のガザを題材にしたドキュメンタリー映画「マー・フィッシュ」がガザの女性アマーニ・アブラマダンさんにより制作されました。彼女はカナダの大学を出てガザに戻りました。そして、ガザの映画制作専門学校に通い、卒業作品としてこの映画を撮ったのです。マー・フィッシュとはアラビア語で「何もない」という意味です。すべてが不足するガザで、結婚を約束した若いカップルに密着取材し、彼らが次々と直面する問題を描いていきます。この作品は、二〇〇九年春にスイスの映画祭での上映が決まりました。ガザに初めての女性映画監督が誕生したのです。

私が彼女に会ったのは二〇〇九年三月で、彼女はスイスに行くことを楽しみにしていましたが、残念ながらガザから出ることはできそうにありません。それでも、撮影に必要なカメラやあらゆる機材が不足するガザで、彼女は映画を撮り続けると言います。そして、早くも次のドキュメンタリー映画が完成し、公開先を探しています。

一触即発のガザ

タハディーヤ後も続く封鎖による改善しない生活。埋まるどころか深まる内部対立。ガザの人々の不満は募る一方でした。ガザの人々からよく聞く声を紹介します。

「もうハマスはうんざり。私たちの生活を滅茶苦茶にした」

「ＮＧＯの事務所を目茶苦茶にするなんて、ハマスはファタハと同じよ」

「私たちには泥棒のファタハか無能なハマスしか選択肢がないのか？」

「アッバスは大統領なら、パレスチナを統一することを優先するべきだ」

「ガザの人々が制裁を受け苦しんでいるのに、イスラエル首相オルメルトと抱擁しキスしているなんて、大統領にあるまじき行為だ」

「これなら、オスロ合意前のイスラエル占領時代の方がましだった。パレスチナ自治政府なんてなくなればいいのよ」

「私たちはアッバス大統領からも、世界からも見捨てられた」

「今まで耐えてきたけどガザでの生活なんてもううんざり。海外に脱出したい」

ファタハが主導したオスロ合意とその和平プロセスに一般のガザの人々が平和の配当を感じたのは束の間でした。ハマスに希望を託したものの、封鎖によって生活はひどくなるばかりでした。タハディーヤで武力攻撃はほぼ停止したのに、封鎖は解除されず、生活の改善には至りません。何のために抵抗の手段としての武力を放棄したのか？　一部の武装勢力は納得ができない。そして、イスラエルへのロケット弾発射を再開しました。しかし、ハマスはそれらすべてを完全に抑え込むことはできません。それを抑えることができるのは、封鎖解除による経済・開発活動の再開です。

ガザの封鎖解除が見られない中、現地の国連機関や国際NGOの間でも、ガザが爆発するのは時間の問題と懸念していました。名前だけの「タハディーヤ」や「和平プロセス」さえあれば、何かしら状況が改善するだろうという楽観的な幻想を捨て、一触即発の状況に目を向ける必要があったのです。

内戦再燃

七月二五日にガザのビーチで、四歳の子どもと四人のハマスメンバーが死亡し、二〇人以上が負傷するという爆破事件が起きました。ハマス警察はファタハ系組織が事件の背後にあるとし、二六日ファタハ系列とされるＮＧＯの施設の閉鎖や押収を行ないました。同日、西岸のラマッラー警察[*4]は西岸で三〇人以上のハマス関連とされる政治家等を拘束しました。

八月二日には、ファタハと関係が強かったガザ北部のヒレス部族とハマス警察の武力応酬がありました。九人が死亡、子ども一二人を含む八〇人以上が負傷しました。一族の地区を徹底捜索したハマス警察は、五〇人以上を逮捕しました。ヒレス部族の一八〇人以上がイスラエルとの境界に向かい、西岸への「亡命」を求めて、一時的にイスラエル軍に保護されました。アッバス大統領は彼らをラマッラーに迎えると発表しましたが、翌日には方針変更し、三〇人以上がガザに返還されて、ハマス警察に逮捕されました。

ラマダン

ラマダン（断食）月には、人々は日中飲食を控えます。多くの人は仕事もないので、エネルギーを消耗しないために、家の中でじっとしています。そのため、ガザ市の中心部以外は、ひっそり静まりかえり、人影もまばらです。

しかし、ラマダン月は、彼らには救いの月でもあるのです。日が沈み断食が明けるころ、人々はモスクにイフタール（断食明けの食事）をもらいに行きます。カタール政府が主催するイフタールにどの家族も数回参加できるクーポンをもらえるそうです。また、この特別な月には、多くの慈善団体が特別貧困家庭に食料セットを配給しています。これらの費用はイスラムで義務付けられている喜捨によって賄われています。

しかしラマダン月の特別な施しが終了すると、ガザの多くの人たちはイフタールのない、終

＊4　現在のパレスチナはガザ内を実質管理するハマス政権と、西岸内を実質管理するラマッラー政権の二つの政権が存在し、それぞれが治安部隊、警察を保持している。

わりのない断食を続けていくことになります。そして、その影響をもろに受けるのが育ち盛りの子どもたちなのです。ガザの人口の約半分を占める子どもたちは、空腹のまま眠ることになります。

ガザ完全封鎖

タハディーヤの間ハマスはほぼ完全に武力行使を停止しましたが、一一月四日、ハマスとの停戦合意を破る形でイスラエル軍がガザ中部に侵攻しました。イスラエルとガザの境界にイスラエル兵士を拉致するために掘られつつあるトンネルが攻撃の対象だと報道されました（『ガーディアン』、二〇〇八年一一月五日）。

ガザの武力勢力がイスラエルへロケット弾を発射して対抗し、双方の暴力が続きました。そして、ガザへの支援物資の搬入、燃料供給も停止しました。

国連は一一月一三日に、ガザの八割の人々が頼る支援物資の配給も底をつくと警告しました。燃料の供給停止は、ガザ全土に電力不足をもたらし、病院や家庭への電力、水、ガスは断続的にしか供給されなくなりました。医薬品の不足も深刻な問題です。

その後、一時的にイスラエル当局は燃料と食料支援物資の供給を許可しましたが、ガザ全土に広がる人道的危機に対して、大海の一滴に過ぎない量です。そして、国際NGOスタッフもジャーナリストも一一月四日以降ガザへの出入りが禁止されました。

ガザに入れない

一一月四日以降、私は何度もガザ入りを試みました。朝、国連治安局へ電話で検問所が開いているか確認すると、「今日も閉鎖している。特別に緊急な場合を除いて」という返事が返ってきます。「特別に緊急な場合とは、どういうこと?」と質問すると「それはイスラエル軍の判断になるので、こちらではなんとも言えない」という答えが返ってきます。「明日は開く可能性があると思うか?」と聞くと、「私たちに予測はできないが、難しいだろう」という答えが返ってきます。何度も同じやり取りを繰り返し、同じ答えが戻ってきました。

パートナーを励ましに行くことも、子どもたちに会いに行くこともできません。そして、私がガザでいつもお世話になる家族の娘の結婚式に出席することも叶いませんでした。「ワカコが来れないなら延期しようか?」と言う友人に、「いつ何が起こるかわからないから、できる時にした方がよい」と説得しました。もちろん、この時はあんなにむごい軍事侵攻があるとは思ってもいませんでした。

封鎖は「人間の尊厳に対する暴行」

完全封鎖に抗議する声明は国連機関などから相次いで発表されました。潘基文国連事務総長は、一一月一四日、ガザの何十万もの人々への食料や他の生命に関わる支援が拒否されていることを懸念し、「ガザの一般市民全体が困難や苦難を増加させるような処置は受け入れがたく、直ちに停止されるべきである」と強調しました。特にイスラエルに対して、速やかに安定的かつ充分な燃料と人道支援を許可するよう求めました。

ナビ・ピレイ国連高等人権弁務官は「この封鎖により、パレスチナの一五〇万人の男性、女性、子どもたちは、最も基本的な人権を何ヵ月も剝奪されている。これは国際人権法と国際人道法に直接的に違反するものである。これは今すぐ停止しなければならない。…子どもたちが半分以上を占める一般市民の尊厳と基本的福祉を保護する直接的かつ決定的なステップが取られなければならない」とする声明を一一月一八日に出しています。

そして、一一月一九日にはカタリーナ・リッツ国際赤十字委員会パレスチナ代表が「ガザの人々の状況は深刻である。私たちは封鎖が人々に与える影響を懸念している。病院では基本的な医療品と医薬品すら底をついている。鎮静剤や抗生物質、麻酔薬が不足している。…燃料不足は病院の器材の機能停止を招いている」として、封鎖解除を強く求めました。

一一月二六日にはマックス・ゲイラード国連人道調整官が、ガザの封鎖は「深刻な人道的影響を及ぼす、人間の尊厳に対する暴行である」と述べました。

国際NGOの共同体AIDAも一二月八日に、ガザへの人道支援ができるよう求める声明を出しました。

勇気ある緊急支援

一一月末からは、人道危機的状況に喘ぐガザに、閉鎖されているイスラエルの検問所ではなく、エジプトから、あるいは船でガザ沖から人道支援物資を運びこむ多くの試みがなされました。ヨルダンをはじめとするアラブ諸国は、エジプト経由で医薬品や食料を積んだ車列を送りました。カタールは地中海のキプロスから支援物資一トンを積んだ船をガザ沖まで無事航行させました。ガザの人たちと国際社会が連帯しガザの封鎖解除を求める「フリー・ガザ運動」は人道支援物資と共に各国の政治家やジャーナリストを乗せた船をキプロスからガザ沖へ送り出しました。二〇〇八年八月より二〇〇九年一月までに七回の航海を試み、六回成功しています。

リビア政府が送った三〇〇〇トンの人道支援物資を載せた船はガザ沖でイスラエル海軍に阻まれ、ガザ港への着岸を拒否されました。イスラエル国籍を持つパレスチナ人もイスラエルの港ヤッファからガザに向けて出航を試みましたが、イスラエルに阻止されました。

これらの勇気ある行動は象徴的には意味がありますが、イスラエルからの毎日のトラック輸送に取って代われるものではないのです。イスラエルは占領者として、国際人道法によって占領下の人々の生活を守ることが義務付けられています。そのために、封鎖の解除こそが求められているのです。

タハディーヤ期限切れる

その後も燃料や人道物資の制限、国際ＮＧＯやジャーナリストがガザに入れない状態が続きました。その間イスラエルによる軍事侵攻はエスカレートし、イスラム武装勢力からのロケット攻撃も止まりません。エジプト政府が仲介するタハディーヤ延長交渉は暗礁に乗り上げたまま、期限切れの一二月一九日を迎えました。その後も交渉は続けられましたが、同時にイスラエルは軍事侵攻に向けての準備を進めていきました。

第3章　子どもたちにのしかかる現実

隠れた飢餓

第二次インティファーダが始まった二〇〇〇年以降のイスラエルによるガザへの厳しい閉鎖政策から、子どもたちの健康状態は悪化しました。二〇〇三年にＵＮＲＷＡ（パレスチナ難民救済事業機関）事務局長は「パレスチナの人たちは、微栄養素の欠乏による『隠れた飢餓』に襲われている」と衝撃的な報告をしました。ミネラルやビタミンなど不可欠な微栄養素が欠乏した子どもたちは認識力が損傷、免疫システムは低下し、極端なケースでは失明や死を引き起こすこともあります。そして「パレスチナの子どもたちのこの世代全体の精神的・身体的成長が危機にさらされている」と警鐘を鳴らしました。

また、世界銀行は二〇〇三年の報告書で既にガザの貧困率が七五％に達していると記しています。

ジョンズ・ホプキンズ大学の二〇〇三年の報告書では、貧困下にありながら、ガザの人たちは高価なイスラエル製品の購入を強いられ、食糧を購入するために、六一・四％の家庭が借金をし、二五・一％の家庭が所持品を売却しているとしています。

牛乳とビスケット

二〇〇二年からＪＶＣでは国際ＮＧＯ数団体と共同で子どもたちの栄養改善に向けたプロジェクトに取り組み始めました。対象は正常な成長に最も栄養が必要とされる五歳児の幼稚園児です。合計二五の幼稚園の園児約二五〇〇名に対して、一日一パックの牛乳と一パックの栄養ビスケットを配るものです。壊滅状態にある地場産業を応援するために牛乳もビスケットも西岸で作られたものを購入しています。

ガザへの物資の持ち込みも制限され、港でも止められ、道路の破壊や閉鎖も断続的に実施される中、なんとか子どもたちに牛乳とビスケットを配り続けてきました。多数の団体や個人の

牛乳を飲む園児

協力により、今では共同プロジェクト全体では一六〇の幼稚園、二万人の園児が対象になっています。

幼稚園に行くと、子どもたちは「牛乳の歌」で迎えてくれます。牛乳を飲むと強くなる、という内容です。子どもたちは牛乳が大好きで、一番人気はチョコ味です。幸い、ガザの子どもたちに牛乳の飲めない子はいないようです。

ガザの幼稚園ではアラビア語と英語の読み書きや算数を教えます。教育熱心なパレスチナでは、子どもたちが小学校に入って困らないように、早くから準備をするのです。幼稚園の多くは女性団体に運営されています。幼稚園の先生たちの多くは子どもを四人も五人も育てながら働き続けている、頼もしい女性たちです。

水の出ない水道

子どもたちを風邪や下痢などから守るためには、栄養の改善と同時に学校や家庭での衛生管理がとても重要です。プロジェクトでは幼稚園の先生たちに対して栄養・衛生研修も行なっています。限られた食生活の中でも最大限のバランスのとれた栄養をとる方法や、手洗いなどの衛生管理のあり方、またそれらを楽しくわかりやすく子どもたちや母親に伝える方法も教えています。野菜の人形を使った劇などはその一つです。幼稚園を代表して参加している先生たちは、少しでも多くを学ぼうと必死で、休憩時間も惜しんで勉強します。

訪問したハンユニスの幼稚園では、外で元気に遊んでいた子どもたちが遊びの時間が終了すると自分から手を洗い始めました。子どもたちにも衛生教育が行き届いてきたようです。しかし心配なのは、イスラエル軍に破壊された発電所の修理に必要な部品がなかなか入らないガザでは、いまだに電気の供給が制限されていて、頻繁に断水になることです。せっかく手洗いが身についても水が出なくては洗えません。封鎖の影響は子どもたちの栄養状態だけではなく、衛生状態にも影響しています。

「非」難民に広がる貧困

栄養改善プロジェクトでは、プロジェクトの開始前と後の子どもたちの栄養状態を比較し、効果を検証します。二〇〇六年度に約一三〇〇人の園児を対象に実施した調査の結果では、慢性的栄養失調が一三・九%から一〇%に減少したことが確認されました。

同時に明らかになったのは、難民でなくガザに元々住んでいる人々の子どもたちの栄養状態が悪化してきていることでした。ガザ市の旧市街とその周辺には、何百年、あるいは何千年の昔から代々ここに住み、小さな畑か、イスラエルへの出稼ぎで生計を立ててきた人が暮らします。しかし、イスラエルへの出稼ぎは止まり、公務員の給料もほとんど支払われていません。貧困が深刻になっている難民ではないガザの住民には、難民のような食料配給や無料医療のサービスが制度化していないのです。

ザイトゥーン地区もそのような村です。その名の通り、かつてはザイトゥーン（オリーブ）の産地だったところで、今でもいかにも樹齢が高そうな立派なオリーブの木がいたるところにあります。ただ、畑のほとんどは今では家の庭先程度で、オリーブ栽培だけで生計を立てられず、多くの人がイスラエルの出稼ぎに頼っていました。この村にあるザヘル幼稚園には約一三〇人の園児が通います。パレスチナでは、お金がなくても子どもたちの教育費と学校に行く洋服代を最優先しますが、ここでは冬なのに靴ではなく素足にサンダル履きの子どももいるような状態なのです。

「うちの子がこんなに良くなったの」

二〇〇六年一月の選挙でハマス政党が圧勝してから、各国政府の自治政府への支援見合わせやイスラエルが代理徴収している税金の引き渡し拒否などにより、ガザの労働者の四割を占める公務員の給料もほとんど支払われなくなり、イスラエルへの出稼ぎは四月以降、完全に停止しました。ガザの貧困率は八〇％に上り、五歳以下の子ども三万人が慢性の栄養失調と報告されました。

「人間の大地」の栄養センターでは五歳未満の栄養失調児への栄養食の提供と母親たちへの栄養指導を実施しています。子どもたちはセンターに来ると、まず医師の診察を受けて、栄養失調と診断されると、週に三日、一日に二回、栄養価の高い食事を提供されます。一度目は栄養価の高いレンズ豆などの野菜とお肉を一緒に煮込んだスープのような食事、二回目はフルーツや野菜をミキサーにかけた食事です。子どもたちは必要な栄養とカロリーが計算され、それに合わせた栄養食が配られます。順調にいけば、二ヵ月から三ヵ月で状態が改善され、退院していきます。

イスラエルとハマスの最初の停戦合意後の二〇〇六年一一月、訪れたハンユニスの栄養センターでは、子どもたちの栄養状態に改善が見られるようになりました。子どもの体重が順調に増えたことを喜ぶ母親たちに「見て、うちの子がこんなに良くなったの」と話しかけられるようになりました。

メルナちゃんは生まれた時は三キロと正常の体重だったのですが、生後一〇ヵ月に中度の栄養失調と貧血と診断されてから、センターに通い始めました。一ヵ月で体重は七〇〇グラム増えて六・八キロになりました。

ワラアちゃんは生後七ヵ月。生まれた時は二・五キロと少し小さめでした。生後六ヵ月の一〇月末にセンターに訪れた時は、体重は五・五キロで中度の栄養失調と診断されましたが、センターに通って一ヵ月弱の間に六〇〇グラム増えて、今では六・一キロになりました。

子どもたちに改善が見られると母親たちはさらに頑張ります。私たちにとっても支援の効果が見えることは大きな励みになります。

ガザの赤ちゃんＳＯＳ

ガザには代謝性疾患の治療用の特殊なミルクを必要としている赤ちゃんがいます。ガザがハマスに制圧され、イスラエルとの検問所が閉鎖されると、この特殊ミルクが底をつきました。「ミルクを届けて」とガザからＳＯＳが入りました。私たちは治療用のミルク一二缶を持って、イスラエルとガザとの境界にあるエレツ検問所に向かいました。待つこと約一時間で、幸い検問所を無事通過することができました。

特殊ミルクを待つ赤ちゃんアフマッド君が住むのはガザ市北部のシャジャイア地区。難民キャンプではありませんが、ガザでも最貧困地域の一つです。通りの様子は難民キャンプとあまり変わりません。家に到着すると、アフマッド君の兄弟、両親、祖母にたくさんの従姉妹たちが出迎えてくれました。アフマッド君の前に生まれた男の子はやはり同じ病気で、赤ちゃんの時に亡くなったそうです。母親は、アフマッド君には亡くなったお兄さんと同じ運命をたどってほしくない、何とか生きてほしいと言います。アフマッド君は丸々した体で、賢そうな目をしています。人懐っこい笑顔が印象的な、見た目は健康そうな男の子です。アフマッド君の祖母は敬虔なイスラム教徒で、私に「アッラー（神）があなたを遣わしてくれた、アッラーに感謝している」と感謝をこめて言ってくれました。

もう一人の赤ちゃん、アイシャちゃんはラファに住んでいますが、母親に連れられてガザ市まで来てくれました。アイシャちゃんは一歳半ですが、とても細くて小さくて体重も六キロ少ししかありません。体調が悪いせいか、いつも機嫌が悪くてぐずっているとのことです。母親は、ミルクがなくなるのが怖くて、節約しながら使っていたそうです。今回もミルクがなくなるかと不安で仕方なかったようです。ミルクが届いてホッとしたようで、何度も何度も「ありがとう」と言いました。

この病気の子どもたちは二歳くらいになると、普通の食生活ができるようになることが多いのですが、それまでこの特殊ミルクを封鎖の厳しいガザで確保し続けるのは簡単ではありません。

家具も食べ物もない

二〇〇七年八月、ハンユニス栄養センターに通う栄養失調児ニヴィーンちゃんの家庭を訪問しました。ニヴィーンちゃんは一歳ですが、体重は六・四キロしかなく中度の栄養失調です。センターに通い始めて約一ヵ月ですが、体重はあまり増えていません。家はコンクリート壁とトタンの屋根です。二つの寝室と台所と居間があって、両親と兄弟五人が住んでいます。父親の両親もすぐ隣に住んでいます。家具と呼べるものはほとんどなく、寝室には床に直接マットが敷いてあり、家族はここで座ってくつろいだり、寝たりします。

ニヴィーンちゃんの父親は持病があるらしく、肉体労働は難しく、長いこと働いていません。両親も働いていないので、この家にはほとんど現金収入はなく、生活はＵＮＲＷＡの支援食料に頼っています。母親はニヴィーンちゃんには毎日牛乳とヨーグルトを食べさせていると言っています。他の家族はジャガイモ、トマト、ナスなど、地域で取れる野菜を食べているそうです。母親に肉を最後にいつ食べたのと聞くと、「金曜日よ。毎週金曜日にはお肉を食べるの」という答えが返ってきました。しかし、ほとんど現金収入のない中で本当に毎週金曜日にお肉を食べているのか、疑問です。ただ、ニヴィーンちゃんの三人の姉妹と一人の兄は、見たところみんな活発で元気そうなので、一安心でした。

栄養センターでは、母親たちに対して栄養教育や栄養調理実習をすることで、家でもお金をかけずに栄養価の高い食事を作れるよう取り組んできました。この方針は、緊急支援であっても与えるだけで終わらせず、生活の向上を支えたいというJVCの考えと一致しています。しかし、センター長は、今では、実習で学んだことを実践に移せない母親が増えていることを懸念しています。現状では、銀行はもちろん、親族でさえお金を貸してくれる余裕のある人を探すのは難しいし、また、返すあてもないのです。完全に隔離され、経済活動が完全に停止したガザで貧困は深刻になる一方です。

笑顔の陰で

PMRS（パレスチナ医療救援協会）が運営するジャバリア診療所でハッサン医師に聞いた話では、六月にガザが完全に封鎖されてから、患者の数は急増していて、特に子どもと女性の貧血症の患者は二〇％も増えているそうです。先生は急速に進む貧困との関連性を指摘していました。また、診療所では一年分の薬の在庫確保を目指していましたが、六月の封鎖以降に増え続ける患者への対応のために、予想をはるかに上回るスピードで薬がなくなっているそうです。

ウムエルナセル村の診療所でアエド医師に聞いたのは、この村の住民の約二七％、そして三歳以下の子どものなんと七五％が貧血だということです。子どもたちには鉄分強化のシロップを処方したり、特別な支援がついた場合には食料セットを家族に提供して対応しているとのこと。それでも、私たちが診療所を出ると、子どもたちが「写真を撮って！」と屈託のない笑顔で駆け寄ってきます。元気そうに振る舞っているこの子たちも毎日お腹をすかしているのだと思うと胸が痛みます。

幼稚園を始める女性たち

ラファに近いマワシ地区の幼稚園は、二〇〇七年九月に地元の女性グループにより開園しました。幼稚園で働く女性全員が無給スタッフです。貧困が蔓延する地区なので、園児から授業料は取りません。初年度は四〇人前後の園児が見込まれています。しかし、開園間近になっても幼稚園には充分な椅子や机がなく、見かねた栄養改善プロジェクトの責任者が他の幼稚園とかけあって、中古の机や椅子を無料で提供してもらったとのことです。

マワシ地区はガザの海岸沿いにある幅一キロ長さ一四キロほどの地区です。約五〇〇〇人が住んでいます。かつては水資源に恵まれ、グアバやナツメヤシや野菜を中心とした農業と漁業が栄えた地区です。しかし、一九八二年にイスラエルのグッシュ・カティーフ入植地[*1]がこの地区の東に設置されてから、この地区は完全に囲い込まれました。二〇〇五年夏、イスラエル軍と入植地撤退に伴い、マワシ地区の閉鎖は解かれました。しかし、海域制限と燃料制限、輸出制限のため、漁業で生計を立てるのは困難です。

ガザで子どもたちのための活動を支える多くの人たちは、彼女たちのように無給であったり、有給でも支援がつかないために給料が出ないことも珍しくありません。また、大学や専門学校を卒業しても就職先がないガザでは、優秀な若者が何年間もボランティアとして経験を積みながら、正規職員になれる日を待っています。

＊1　入植地　一九六七年に東エルサレムを含む西岸、ガザを占領したイスラエルは国際法に反して占領地への入植活動を進めた。二〇〇五年にガザの入植地は撤去したものの、東エルサレムを含む西岸での入植活動は継続し、和平交渉の大きな障害と言われている。

第4章　平和を求めて

二〇〇九年一月一八日、二三日間にも及んだ過酷な軍事攻撃はイスラエルとハマス双方の一方的停戦を迎えました。そして、一月二〇日には米国に新大統領が就任、二月一〇日にはイスラエル選挙、三月二日には支援国会議でガザ早期修復計画に多額の支援金が約束されるなど、情勢は目まぐるしく変わっていきました。しかし、ガザの人たちが恐れていたように、その後もイスラエルとガザの武装勢力の武力攻撃は散発的に続いています。

三月末になっても、破壊された家や学校や病院などを建て直す建築資材や生活に必要な燃料や子どもたちのためのおもちゃまでもが、ガザへの持ち込みを制限されたままです。封鎖が解除されない状態の中、修復はいっこうに進まず、人道支援物資に頼る生活は続いています。

過酷な軍事侵攻を経験し、停戦後も何も良くならない現実を生きるガザの人たちは、平和についてどう考えているのでしょうか。また、この軍事侵攻は和平を求めて活動する人たちにどのような影響を与えたのでしょうか。ガザの人たちも、家族のこと、子どものことを大切に思い、平和に暮らすことを望んでいます。しかし同時にガザで平和に暮らすことの難しさを感じていて、将来への失望感も持っています。

ガザの人々の声

ラファの幼稚園長モナさん●モナさんは五人の男の子の母親です。多くの働くガザの女性がそうであるように、働きながら育児と家事をこなし、家計も支えてきました。自宅は軍事侵攻の影響が激しかったラファで、侵攻中は子どもの安全を考えて五回も住居を移ったそうです。そして今は子どものためにガザを出たいと言います。

「軍事侵攻中は五回も家を移り住んだわ。親戚の家や幼稚園のスタッフの家にもお世話になった。家の近くに『イスラミックジハード』の幹部の家があって危険だと思ったの。子どものことを優先して考えたわ。停戦になって家に戻ったら、幸い窓が割れて、ドアが壊れただけで済んでいたわ。でもいつになったら窓を直せるかわからないでしょ。不安だわ。一〇歳の息子は今でも夜眠れないの。私たちは平和に暮らしたいのよ。でもここじゃできないわ。海外に移住したい。ノルウェー政府がパレスチナ人を受け入れてくれるって聞いたの。インターネットで申し込めるらしいの。やってみようかしら。もし、今ラファの境界が開放されたら、ガザの人はみんな出ていくと思うわ」

ハンユニスの栄養センター長ハナンさん●ハナンさんは五人の子どもの母親で、末っ子はまだ一〇ヵ月の赤ちゃんです。自宅は軍事侵攻が最も激しかったラファのエジプトとの境界の近くです。彼女も子どものために夫の実家があるラファから引っ越すことを考えています。

「停戦は信用していないわ。イスラエルの攻撃がなくなるとは思えない。燃料も入ってこないわ。昨日エジプトとの密輸トンネルから少し入ったみたいだけど。でも、ラファは危険。子どものためにラファから引っ越すことを考えているわ。私の実家のあるハンユニスに。ガザはどこにも安全なところなんかないけど、まだハンユニスはラファよりましだと思うの」

建築エンジニア、アリさん●アリさんはガザで建築エンジニアの会社を経営していますが、封鎖の影響で仕事はなくなったそうです。彼はビジネスで築いたイスラエル人との関係は信頼できると言いました。

「かつては大規模な建築プロジェクトも手がけて、社員も三〇人いたけど、封鎖と制裁ですべての建築プロジェクトが止まってしまって、今では社員は僕と息子とパートの秘書だけになってしまった。軍事侵攻中は、イスラエルのビジネスパートナーから何度も電話をもらったよ。ビジネスを通して関係を築いてきた信頼できるイスラエル人は何人もいる。仕事がなくなっても毎日事務所には来て、毎日の出来事をメモしたり、どうしたらイスラエルとパレスチナの間で平和をつくれるか考えたりしているんだ。僕はパレスチナにはハマスでもファタハでもない、経済発展を重視して雇用機会を増やすことができる政府が必要だと思っている」

幼稚園児栄養改善プロジェクトのマネージャー、モナさん●モナさんは薬剤師の資格を持ち、かつてはイスラエルの医薬品会社に勤めたこともあります。二児の母です。彼女は軍事侵攻でさらに家族への思いが強まったと言います。そして「平和」という言葉の意味が歪んでしまったと言います。それでも、子どもたちにできることをやっていく信念は変わりません。

「戦争が始まる前から、いろんな制約の中で生活してきた。移動、食料、紙やすべてのものが不足していたわ。長い封鎖は私たちの生活の質に影響していた。それでも、燃料がなければロウソクで食事をしたり、なんとか対応してきたの。フラストレーションの多い状態で、戦争は始まったの。戦争は長かったわ。二三日間、毎日二四時間軍用機の音を聞いた。鼓膜が破れるかと思った。逃げる場所もなくて、怖くて、もがきながら何とか耐えてきた。とにかく生き延びることを祈っていた。でも、戦争が終わってみたら、私は別人のようだった。昔は海辺に家を持つのが夢だった。でもそんなこと意味がなくなってしまったの。だって、そんなもの一瞬にして破壊されるわ。今は子どもを失いたくない、家族のことが一番大事なの。お金や家よりも。幼稚園で見たでしょ。言葉を失ってしまった子。何もしてあげられないのが辛い。

今もガザに入ってくるのは緊急支援だけよ。窓が割れた家は危険だわ。でもガラスも入ってこない。ここでは子どもたちに将来を与えてあげられない。境界は閉まったままで、どこにも行けない。夜は怖いわ、子どもたちのことが心配になる。今でもゆっくり眠れない。昨日も夜中に突然子どもの名前を叫んで起きたの。突然意味もなく涙がこぼれることもあるわ。

でも、私はガザから出ようとは思わない。ここには私の家族がいて、ここは私の土地で私の国なのよ。私は平和に暮らしたい。でも、ここに平和は存在しない。『平和』はビジネスになってしまったの。歪んでしまったの。期待はしないわ。二三日の戦争の間、アラブ諸国もアメリカも私たちが殺されるのをただ見ていたわ。誰も行動を起こさなかった。ＵＮＲＷＡの施設でさえ燃やされたのよ。

私にもこの状態がどうしたら変えられるのかわからない。私はハマスもファタハも支持しない。私は平和に暮らしたい。でも誰も私たちには聞いてくれない。外の人が私たちの運命を決定しようとしている。今、私が唯一前向きにできることは、人々を助けること。でも、被害は大きすぎて。修復には大人も子どもたちもみんな助けが必要。子どもたちの戦争後の栄養状態も評価しなおさないといけないわ。やらなければならないことは山積みよ。でもできることからやっていくわ」

平和活動家たち

パレスチナの人たちが真に自立を獲得するには、政治的解決により占領から解放され独立することが必要と考え、私たちは平和構築活動にも力を注いでいます。その活動の一つに、東エルサレムのパレスチナ人女性と西エルサレムのユダヤ人女性の共同事業への支援があります。また、仏教者を交えた、イスラム教、キリスト教、ユダヤ教の宗教者間の対話プログラムを実施しています。今回のガザの軍事侵攻は、イスラエル・パレスチナ間の平和構築活動にも影響を与えています。それでも平和活動家たちは困難を乗り越えようと、前向きな姿勢で取り組んでいます。そんな平和活動家の声をいくつかご紹介します。

地域開発と民主主義センター（CDCD）代表、ワリード・サーレムさん●ワリードさんは、エルサレムに住むパレスチナ人で、イスラエル・パレスチナ間の平和構築活動に長年関わってきました。双方の学者・研究者との共同プロジェクトやシンポジウムを実施し、「平和を共にもたらす」というフォーラムも立ち上げました。イランやアフガニスタンも含めた中東全体の平和会議のメンバーでもあります。彼に今回の軍事侵攻が平和構築活動に与える影響、平和構築活動の問題点などをこう語ります。

「イスラエルとパレスチナの平和構築に携わる人たちのコミュニティはガザの軍事侵攻で切断されました。エルサレムのアルクッズ大学もイスラエルの大学との共同事業を当面行なわないことを決めました。草の根の活動も難しくなりました。軍事侵攻後、パレスチナ人はイスラエル人のことを殺人者で、暴力しか理解しないと思っています。停戦の延長交渉をしている最中に突然攻撃を仕掛けてきたと思っています。ガザではハマスの支持が低下しましたが、西岸ではハマスを勝利者と見ています。一方イスラエルは、停戦を守らなかったのにもかかわらず、攻撃を正当化しようとしています。（二〇〇五年のガザ撤退で）ガザを返してあげたのに、占領を終えたのに、ロケット攻撃するなんて許せないと思っていて、そんなガザの人たちを教育しないといけないと思っています。

平和運動にも問題があります。平和活動家同士が集まって会議を開いて満足しているだけ。平和運動がいつまでも社会の大多数を占める人たちを除外していたら、社会からの支持も失うし、平和運動自体が消えてなくなるかもしれない。既にイスラエルの平和運動は弱小で影響力がないのだから。

平和運動には新しい戦略が必要です。一つはコミュニティの宗教グループを巻き込むことです。イスラムのフドナ（停戦）という考えも検討に値しますし、イスラエルの平和運動家の多くは世俗的でラビ（ユダヤ教の宗教指導者）と話ができていないことも考えなければなりません。

二つ目の戦略は右派に対して働きかけをすることです。イスラエルの中では右派と左派の間も対話がないのです。自分のようなパレスチナ人で双方と関係がある者が対話の機会を提供することもできると思います。公式・非公式の平和への活動は、さらに拡大しなければならない。地理的にも中東全体そしてアフガニスタンやイランも加えた、地域全体の取り組みが必要です。既に中東会議を立ち上げ、そのような取り組みも開始しています」

家屋破壊に反対するイスラエル委員会（ＩＣＡＨＤ）の広報担当官アンジェラ・ゴールドスタインさん●

アンジェラさんはユダヤ系イスラエル人でＩＣＡＨＤの広報担当官として、主にエルサレムでのパレスチナ人住居破壊の問題への取り組みを通して平和運動を行なっています。今回の軍事侵攻中も、イスラエル社会にガザの窮状を訴えようとしてきた一人です。

「イスラエル人にも軍事侵攻中にガザの人のことを思い、活動していた人はいます。フリー・ガザ運動に加わって、『人道（Humanity）』と名づけられた船でガザに入ろうとした人もいます。残念ながら船は追い返されたけど。イスラエルの平和運動家たちはエレツ検問所で記者発表をして、緊急支援物資をガザに入れようともしました。イスラエル当局は抗議行動を妨害しようとして、支援物資を積んだトラック運転手の運転免許証を取り上げたり、大変だったけど。テルアビブの抗議デモにも一万五〇〇〇人が集まりました。でも、イスラエルのメディアは、こういう活動を取り上げません。それが問題です。

ガザで行なわれたことは『戦争』とは呼べません。『襲撃』か『狩り』と呼ぶべきです。なぜ国際社会が止めなかったのか、疑問です。現状にバンドエイドを貼るような解決は本当の和平ではありません。ガザの軍事侵攻後は、さらにやるべきことが増えました。でも、私には希望があります。楽観的です。でもそうあるためには、常に創造的でないといけないのです。精神的にも強くあることが必要です。これからも闘い続けるんですから」

ヴァン・リーア・エルサレム研究所アミット・レシェムさん●アミットさんはユダヤ系イスラエル人で、エルサレムのユダヤ人女性とパレスチナ人女性を繋ぐ活動をしています。軍事侵攻中はガザの友人に何度も電話し、あまりのひどさに涙を流したと言います。軍事侵攻はエルサレムの女性たちにも影響を及ぼしているとしながらも、将来への希望を語ってくれました。

「ガザ戦争後の東エルサレムのパレスチナ人と西エルサレムのユダヤ人は相手をガザの戦争を通して見ています。双方が相手に罪を着せようとしているのです。だから、お互いが面と向かって会うことは難しい。でも、どちらも戦争を良く思っていません。戦争で問題を解決できるとは思っていません。女性たちは今でも相手に会いたいという気持ちを持っています。会って相手が何を考えているのか、この状況でどのような暮らしをしているのか、理解したいと思っています。そのためには彼女たちが安心して話し合える環境を整えなければなりません。まずは小さいグループから初めて、その後のステップについて話し合う必要があります。

イスラエルの（右派）新政権で、状況がそんなに悪くなるとは思いません。国際社会は過激な政府を認めないでしょう。政府の中心となって責任を持てば変わるはずです。私は常に物事は今より悪くはならないと自分に言い聞かせています。私たち平和構築に関わる人間は『シジフォス』のようなものです。簡単にへこたれるわけにいかないのです」

平和への道

「シジフォス」とは、ギリシャ神話に出てくる人物で、神の怒りに触れた罰として山の上に大きな岩を運ぶよう命じられました。しかし、岩を転がし山の頂上に近づくと岩は転がり落ちてしまう。転がしては落ちる、それを永遠に繰り返しているのです。通常は永遠に終わらないというネガティブな意味で使われることが多いのですが、イスラエル・パレスチナの平和構築者の間では、困難に立ち向かう自分たちを勇気付ける言葉として使用されます。同じくよく使われる比喩に「カフカ的な」という表現があります。フランツ・カフカの『審判』のように、自分が知らないうちに見に覚えのない濡れ衣を着せられ、瞬く間に状況が悪化し罪を着せられ処刑されてしまう、そんな不条理な状況を表現するのに使います。

今回のガザ軍事侵攻にもこのような表現があてはめられます。イスラエルにすれば、ガザ全体が攻撃をしかけてくる「テロリストの温床」。そして、叩いても叩いても、潰れるどころかさらに強力になっていく。パレスチナにすれば、どれだけ国際法をもとに自らの正当性を国際社会に訴えても、結局誰もイスラエルの横暴を止めてはくれない。逆に自分たちが民主的に選んだ政府が国際社会に拒否され集団懲罰を受けることになる。そして、双方の一般市民は、なぜ自分たちが攻撃されるのか、なぜ世界は自分たちを理解してくれないのか、自分たちこそ正しいのに、と訴えます。シジフォスのようにいくら努力をしても報われない、カフカの世界のように自分の手の届かないところで自分たちの運命が決められている、と感じているのです。

そんな中にも、自分たちの手で平和的な解決方法を見出し現状を変えたいと願い努力している人たちは、少ないながらも、双方の社会に存在します。私はそのような人たちが増えることが、平和へ向かう道だと考えています。私は、私たち人間が生み出した紛争は、私たちの手によって、必ず平和的に解決できると信じています。そして私たちが望む限り、イスラエルとパレスチナの紛争も解決できると信じています。和平の道のりは茨の道でもありますが、想像力を豊かにお互いが知恵を出し合い、希望を捨てなければ、この先が見えてくると信じています。

ガザの人たちは、占領と度重なる軍事侵攻、そして封鎖により、充分に食べることも、教育を受けることも、働くこともできず、病気の治療も受けられず、援助に依存させられ、人としての尊厳を奪われた生活を強いられています。それでもガザの人たちは平和を願っています。しかし今回の軍事侵攻は、彼らから将来への希望を奪っています。今、ガザの人たちに最も必要なのは封鎖の解除です。封鎖を解除し、ガザの経済開発を促し、雇用を促進することです。そして人々が自分たちの力で生きられるようになり、人としての尊厳を回復し、将来に希望を持てるようになることです。ガザの七〇万人の子どもたちが、健やかに自由な意思で自分たちの人生を切り開いていけるように、ガザも開かれていかなければなりません。彼らが失いつつある将来への希望を取り戻すこと、そこから平和への道が始まると考えます。

あとがき

私は二〇〇三年からＪＶＣのガザでの活動に携わってきました。ガザを訪問するたびにガザの人たちから暖かく迎えられました。特にガザへの封鎖が厳しくなって「内戦」状態に陥り治安が急激に悪化した二〇〇六年以降は、タクシーの運転手がボディガードの役を買ってでてくれたり、友人・知人たちが一人でホテルに宿泊する私が淋しくないようにと夕食に招いてくれたり、ガザの文化を知ってほしいと博物館やモスクなどに連れていってくれたりと、いろんな方に大切にしてもらいました。そして、ガザの人たちからたくさんのことを教わりました。どんなに困難な状況下においても人に優しくユーモアを忘れず前向きに生きようとする彼らには心を打たれました。あらゆる権利を侵害されても、人としての尊厳だけは保とうとしているのだと感じました。私が彼らにできる恩返しは、彼らのことを伝えていくことだと思っています。

この本では、軍事侵攻の中で、またそこにいたるまでの厳しい封鎖の中で、ガザの人たちが私に語ってくれたことを中心にまとめました。彼らの優しさと強さ、平和への願いが伝わることを願っています。そして、一日も早く彼らが置かれた厳しい状況が改善され、この紛争が公正に、平和的に解決されることを祈っています。

この本をガザの親愛なる友人モナとその家族、ガザの子どもたち、そしてガザのすべての人たちに捧げます。

小林和香子（こばやし わかこ）

慶応義塾大学文学部史学科東洋史専攻卒。早稲田大学大学院国際関係学博士課程在籍。駐日ノルウェー王国大使館、マッキャンエリクソン勤務などを経て、JVCエルサレム事務所勤務（2003年～04年）。国連大学本部勤務などを経て、JVCエルサレム事務所現地代表（2006～09年3月）。

JVCブックレット
002

ガザの八百屋は今日もからっぽ

封鎖と戦火の日々

初版第1刷発行 2009年6月13日

定価840円+税

著者　小林和香子
装幀　水戸部 功
発行者　桑原 晨
発行　株式会社めこん
〒113-0033 東京都文京区本郷3-7-1
電話 03-3815-1688　FAX 03-3815-1810
ホームページ http://www.mekong-publishing.com

印刷・製本　モリモト印刷株式会社

ISBN978-4-8396-0225-3 C0330 ¥840E
0330-0906225-8347

特定非営利活動法人
日本国際ボランティアセンター(JVC)
1980年にインドシナ難民の救援を機に発足。現在アジア、中東、アフリカの諸地域で活動する国際協力NGO。紛争地での人道支援、長期的な開発協力に携わるほか、外交、援助政策への提言に取り組んでいる。

〒110-8605 東京都台東区東上野1-20-6　丸幸ビル6F
TEL 03-3834-2388 ／ FAX 03-3835-0519
http://www.ngo-jvc.net　info@ngo-jvc.net

ＪＶＣブックレット刊行にあたって

世界は今、経済危機や国家も含む「テロ」と呼ばれる暴力的な行為の蔓延など、予期しなかった出来事を同時に経験し、今までにない混乱の中で人々は不安を抱えています。経済のグローバリゼーションは地域や国を越えた資源の収奪を加速し、国家間、地域間の格差を拡大しました。また対テロ戦争は憎悪と暴力の連鎖を生み、国際法と国連などの国際安全保障の仕組みを機能不全に陥れています。こういった世界規模の課題に、これまでの経済政策や安全保障は問題の解決を導けず、人々の将来への希望さえ失わせています。

そんな中、国益中心の安全保障のあり方と野放しの市場経済を見直そうとする動きが世界各地の人々によって起こされています。それは人々の生き方や価値観の見直しに根ざした変革の胎動と言えるかもしれません。市民やＮＧＯが平和活動の様々な分野でイニシアティブを発揮し、紛争の解決と平和の国際的なメカニズムを作り出しています。同じように人々の生活においても、時代を切り開く様々な解決案が市民や地域の草の根の人々の先進的な取り組みから生まれてきています。

私たちは、マス・メディアを通しては伝わらない世界各地の問題を伝え、市民という立場と現場という視点で様々な問題を一緒に考えていきたいと思います。これらの記録の中に、二一世紀の混迷を切り開くヒントが見えてくると信じて、ここにＪＶＣブックレットシリーズを刊行することにしました。読者諸氏においては、グローバル社会の中に見えた問題と、変化の胎動を共に感じていただけることを心から願っています。

二〇〇九年六月

日本国際ボランティアセンター（ＪＶＣ）代表　谷山博史